高等院校学前教育专业精品系列丛书
"互联网+"新形态一体化精品教材

总主编◎裘指挥

幼儿园玩教具制作与活动指导

主　编　苏　春　苏　兰
副主编　李小燕　周　瑶　夏梦雪
　　　　冯　芳　张小红
编　委　付欣悦　胡　丹　傅佳璐
　　　　熊欣悦　封丛薇

首都师范大学出版社
CAPITAL NORMAL UNIVERSITY PRESS

图书在版编目（CIP）数据

幼儿园玩教具制作与活动指导 / 苏春，苏兰主编.
— 北京：首都师范大学出版社，2019.11（2020.8 修订）
ISBN 978-7-5656-5347-6

Ⅰ．①幼…　Ⅱ．①苏…②苏…　Ⅲ．①幼儿园—自制玩具—教材 ②幼儿园—自制教具—教材　Ⅳ．① G614

中国版本图书馆 CIP 数据核字（2019）第 265172 号

YOU'ER YUAN WANJIAOJU ZHIZUO YU HUODONG ZHIDAO
幼儿园玩教具制作与活动指导
　主编：苏春　苏兰

责任编辑：石进京
首都师范大学出版社发行
地　址　北京西三环北路 105 号
邮　编　100048
电　话　68418523（总编室）　68982468（发行部）
网　址　www.cnupn.com.cn
北京荣泰印刷有限公司
全国新华书店发行
版　次　2019 年 11 月第 1 版
印　次　2020 年 8 月第 2 次印刷
开　本　889 毫米 ×1194 毫米　1/16
印　张　13
字　数　257 千字
定　价　58.00 元

版权所有　违者必究
如有质量问题　请与出版社联系退换

前　言

本书立足于《3—6岁儿童学习与发展指南》与《幼儿园教育指导纲要（试行）》的精神要求，从玩教具制作的角度出发，用大量翔实的图片和制作范例阐述如何开发与设计玩教具以提高教师的活动指导能力，并结合大量新颖、实用的活动案例进行分析，以利于教师指导幼儿的生活、学习和游戏。

本书的编写目标在于拓展教师对玩教具的经验，培养对玩教具的兴趣，以及鼓励教师利用身边的材料制作玩教具，并将玩教具运用在幼儿园活动当中。本书不仅仅是一本教授玩教具制作的教科书，更以简洁的说明文字及大量图片范例，为读者提供更多玩教具视觉经验的延伸。同时希望教师明白，本书的玩教具制作所呈现的图文内容并非制作的唯一标准，教师可以通过阅读本书提供的范例，提出自己的观察、想法及制作方式，建立自己的玩教具制作观点，并将习得的经验应用到幼儿游戏当中。本书不仅从教师专业发展的角度论述开展玩教具制作对教师专业发展的意义，也强调范例的实用性和可操作性，始终围绕玩教具制作与幼儿园活动的开展来编写，从而增强教师运用玩具和指导活动的能力，具有新颖性和前瞻性。

本书共七个项目，项目1为关于玩教具的概述，项目2到项目6为五大领域的玩教具制作，项目7为五大领域的玩教具制作实例汇编。其中，每个项目的学习都包括以下内容。

学海导航：通过设置知识目标、技能目标和情感目标，让读者明确每个项目的目标要求，以增强学习的目的性。

基础知识：介绍本项目领域内的玩教具的类别及特点，从教师专业发展的角度论述开展玩教具制作对教师专业发展的意义。

玩教具的筛选、运用与指导：介绍小、中、大班在活动中如何去筛选、运用玩教具，注重能力提升。

对点案例：每个项目有10个翔实的案例助力学生系统科学地学习，强调范例的实用性和可操作性。

阅读屋：用当下前沿的学前领域专业知识拓宽学生的视野，有助于其理论知识水平的提升，具有新颖性和前瞻性。

巧运用：围绕玩教具制作与幼儿园活动的开展，解读玩教具在幼儿园活动中的科学操作，从而提升学生的应用能力。

本书由苏春、苏兰两位老师担任主编，李小燕、周瑶、夏梦雪、冯芳、张小红担任副主编，付欣悦、胡丹、傅佳璐、熊欣悦、封丛薇担任编委。参编人员具体编写任务为：项目1（夏梦雪），项目2（李小燕），项目3（苏春），项目4（苏兰），项目5（李小燕），项目6（周瑶），项目7（苏春）。冯芳、张小红老师负责全书的资料收集，付欣悦、胡丹、傅佳璐、熊欣悦、封丛薇负责制作与本书配套的电子资源。该书由苏春、苏兰老师统稿并完成全书的图片处理。本书体例新颖、条理清晰、案例丰富、操作性强，是集体智慧的结晶。

本书11位编者的单位信息如下：

南昌师范学院（苏春、冯芳、付欣悦、傅佳璐、熊欣悦、封丛薇）；

江西师范大学（苏兰）；

江西师范大学科学技术学院（夏梦雪）；

江西省电子信息工程学校（张小红）；

上饶幼儿师范高等专科学校（胡丹）；

杭州市沈塘桥幼儿园（李小燕）；

南昌泰恒教育咨询有限公司（周瑶）。

限于编者的水平，加之时间有限，书中难免存在疏漏之处，敬请专家学者及广大师生在实际应用和教学中提出宝贵意见，以便集思广益，不断完善。同时也期待本书可以成为学前教育研究者从事玩教具制作和活动案例研究的重要素材。

编　者

目 录

项目1 学前儿童玩教具世界初探　1

项目2 健康领域玩教具制作　21

项目3 语言领域玩教具制作　49

项目4 社会领域玩教具制作　89

项目5 科学领域玩教具制作　123

项目6 艺术领域玩教具制作　147

项目7 玩教具制作实例汇编　179

参考文献　201

后记　202

项目 1 学前儿童玩教具世界初探

学海导航

知识目标 了解学前儿童玩教具的概念、发展历程等知识。

技能目标 掌握学前儿童玩教具的特征和制作标准。

情感目标 理解学前儿童玩教具制作的意义。

模块一 基础知识

一、学前儿童玩教具概述

游戏是儿童的天性。在童年生活中，游戏是儿童必不可少的伙伴，儿童在游戏中成长，在游戏中释放天性。儿童的游戏和玩具之间有着紧密的联系，好的玩具可以提高儿童游戏的趣味性，增强儿童的游戏能力，丰富儿童在游戏中的收获。

（一）学前儿童玩教具的概念

玩教具在学前儿童的生活和游戏中扮演着非常重要的角色，但实际上，玩具与教具是两个有些不同的概念。玩具通常是指儿童在游戏中使用的材料，它可以是儿童生活中的任何物品，如玩具小汽车、各种各样的毛绒玩偶等（图1-1和图1-2），玩具在儿童的生活中无处不在。而教具与玩具有所不同，教具是指辅助教学所用的教学用具，是教学的辅助物，比如用于教学的幻灯片、地球仪、实物模型等。教具的主要作用是丰富和辅助教学，而玩具的主要作用是满足儿童游戏的需要，二者的概念其实是有所区别的。然而，对于学前阶段的儿童来说，玩具和教具是可以达成一致的，也就是我们常说的玩教具。玩教具是幼儿园教育活动中的重要材料，也是学前儿童在生活和学习中的重要伙伴。幼儿园中的玩教具可以是商品式的，也可以是自制的,其中以自制玩教具居多。因为自制玩教具更加灵活多变,可以满足教师组织幼儿园活动的需要,同时能够满足儿童在游戏中的需求。随着"儿童本位"的儿童观逐渐被人们认可,我们更愿意让儿童自主参与到游戏和学习中去,主动地去建构和世界的联系,发现世界。因此,玩教具的制作应该更加强调儿童的参与,成人为儿童提供支持,帮助儿童迈向更高的一步。

图 1-1　毛绒玩具

图 1-2　玩具汽车

(二)学前儿童玩教具的文化与发展

玩具由来已久,考古证实,早在原始社会时期就已经出现了玩具。不同时期的玩具具有不同的特点,玩具也在不同时期内与人们的生活息息相关。

1. 古代玩具

中国古代玩具没有明确的概念,几乎所有用来娱乐和玩耍的材料都可以叫作玩具。中国玩具的发展历史悠久,我国考古学家曾在原始时代先民的遗址中发掘出许多石球,经考证,这些石球应是狩猎和供原始人民玩耍嬉戏的工具。正如《游戏史》中所言:"在弓箭发明并得到普遍应用以后,石球便在母系氏族公社的全盛时期开始成为一种游戏工具。"[1]在封建社会时期,随着人们对游戏的热衷,玩具也逐渐得到发展。《诗经·卫风·芄兰》中有云:"芄兰之支,童子佩觿。虽则佩觿,能不我知。容兮遂兮,垂带悸兮。"[2]此诗描绘了一个孩童佩戴着成人的服饰,模仿大人模样,却难掩稚气的可爱情景。这完全可以看作是我国古代有文字记载的、最早的角色扮演游戏。儿童利用成人的衣物开始自己的游戏,这里的"成人衣物"具有玩具的性质,反映出古代玩具没有特定范围的特点。古代玩具与古代人们的生活息息相

---

[1] 蔡丰明. 游戏史 [M]. 上海:上海文艺出版社,2007:4.
[2] 高亨. 诗经今注 [M]. 上海:上海古籍出版社,1980:88.

关，生活中的物件、大自然的产物都可以是人们用来游戏和娱乐的材料，都可以成为古代人民的玩具。

唐宋时期社会经济繁荣，文化的发展被推向一个新的高峰，不同材料的玩具相继出现，丰富了古代玩具的内容。尤其在民间游戏中，材料各异、玩法丰富的玩具得到了巨大的发展。陶俑、面塑、丝帛、彩绘、雕木等，这些异彩纷呈的玩具在民间熠熠生辉。无论是多样的材料，还是精湛的技艺，抑或是造型玩法，无不彰显着玩具在这一时期的巨大发展。

（1）蹴鞠

陆游在《残春》中有"语燕似催春事去，游丝不似客愁长。乡村年少那知此，处处喧呼蹴鞠场"的描写，李白也写过"斗鸡金宫里，蹴鞠瑶台边"的诗句。蹴鞠是我国古代的一项运动，也是古代人民非常喜爱的一项游戏。蹴鞠又称"踏鞠""蹴球"等，是用两只脚来踢球，可以看成是最早的足球运动。我国蹴鞠的历史源远流长，蔡丰明在《游戏史》中认为，蹴鞠活动在商周时期已经开始出现，在春秋战国时期已经十分普及[1]。蹴鞠所用的球多采用皮革制成，内有填充物，玩法多样，乐趣无穷（图1-3）。

图1-3 蹴鞠

（2）斗百草

斗草，也叫斗百草。斗草游戏的形式略有不同，一般是指双方各持一花草茎，双方的花草茎相交，用力拉扯，看谁的先断（图1-4）。斗百草出现的时间较早，汉代学者申培在《诗说》中认为，《诗经》中的《芣苢》一篇是古代儿童斗草嬉戏时所唱的歌谣[2]。在《荆楚岁时记》也有记载："五月五日，四民并踏百草，故有斗百草之戏。"[3]古人认为五月为恶月，物有五毒，在五月五日端午这天，应该踏百草，采药入浴，以避毒物。这是斗百草的最初起源。

---

[1] 蔡丰明.游戏史[M].上海：上海文艺出版社，2007：8.
[2] 王宏凯.中国古代游艺[M].北京：中国国际广播出版社，2010：205.
[3] （唐）赵璘.因话录[M].上海：上海古籍出版社，1979：117.

斗百草游戏简单易行，玩起来又颇有趣味，自然是古代孩童的不二之选。白居易在《观儿戏》中有云："髫龀七八岁，绮纨三四儿。弄尘复斗草，尽日乐嬉嬉。"宋代范成大也有"社下烧钱鼓似雷，日斜扶得醉翁回。青枝满地花狼藉，知是儿孙斗草来"（《春日田园杂兴》）的诗句，看着那满地狼藉的花草枝茎，料定一定是孩童斗草的结果。斗草游戏简单容易操作，所用的道具"百草"也随手就可获得。这反映了古代玩具确实没有明确的界定，也的确与人们的生活紧密相关。

图 1-4　斗百草

（3）风筝

风筝在古代也叫"纸鸢""纸鹞"等，是用细竹为骨，扎成类似于鸟的形状，以纸或者其他薄绢糊上骨身，坠之细线牵引，利用风将其送上天空（图 1-5）。唐代元稹《有鸟》云："有鸟有鸟群纸鸢，因风假势童子牵。"可见，纸鸢是儿童所喜爱的玩具。清代高鼎所作的《村居》中提到"儿童散学归来早，忙趁东风放纸鸢"，不难发现，放纸鸢是儿童的一项重要游戏活动。"东风"是春天的象征，东风带来的湿润水汽使万物复苏，而诗中的儿童趁着放学后的时光，借着东风放纸鸢，一派春日融融之象。

图 1-5　风筝

项目 1　学前儿童玩教具世界初探

人们一般喜欢在春日时放风筝，因此可以把风筝归到节令游戏一类。清代孔尚任有诗云："结伴儿童裤褶红，手提线索骂天公。人人夸你春来早，欠我风筝五丈风。"儿童在春天放风筝，却怨怪早春时节风太小，无法将风筝托上天空。风筝在现今依然很受欢迎，随着科技和工艺的进步，风筝的制作也越来越精美，图案也越来越丰富。

（4）秋千

常见的秋千一般是将两条绳索悬挂起来，下系横板，人坐于或站于横板之上，利用绳索的前后摆动，荡出各样的姿势（图1-6）。荡秋千在我国晋代时期就开始流行，而到了唐代，已经成为一种非常普及的游戏活动，尤其在女性儿童之中很受欢迎。唐诗中对女子荡秋千的描写也非常丰富，王建的《秋千词》便是极其有代表性的一首："长长丝绳紫复碧，袅袅横枝高百尺。少年儿女重秋千，盘巾结带分两边。身轻裙薄易生力，双手向空如鸟翼。……回回若与高树齐，头上宝钗从堕地。眼前争胜难为休，足踏平地看始愁。"这首诗生动地描写了少年少女荡秋千的情景，少女身着薄裙，身量纤巧，在秋千上展开双手，如鸟儿一样忘情玩耍，以至于头上的发钗坠地都不知晓。宋朝女词人李清照也有"蹴罢秋千，起来慵整纤纤手。露浓花瘦，薄汗轻衣透"（《点绛唇·蹴罢秋千》）的诗句。由此可见，秋千的确广受古代少年男女们的喜爱。

图 1-6　秋千

唐代寒食、清明常以秋千为戏。每当到了寒食清明之时，天气转暖，少年男女多爱出门踏青，秋千便成了他们的游戏之一。因此，可以把荡秋千当作一种节令游戏。郑谷《旅寓洛南村舍》："村落清明近，秋千稚女夸。"[①]便是一个极有利的证明。宋代王禹偁的《寒食·今年寒食在》诗云:"稚子就花拈蛱蝶,人家依树系秋千。"[2] 这首诗描写了清明时节,宋代人荡秋千的情景。秋千作为一种游戏材料,是少年男女以及儿童生活中一项重要的活动,也是中国古代游戏史上浓墨重彩的一笔。

古代玩具种类丰富,玩法多样,多与人民的生活紧密相关,除了上面提到的几类,还有跳绳(图1-7)、滚铁环(图1-8)、下棋(图1-9)、踢毽子(图1-10)、空竹(图1-11)以及打陀螺(图1-12)等。古代玩具向后世展示了古代人民的智慧,对现今的玩具发展仍然具有重要的启示。

图 1-7　跳绳

图 1-8　滚铁环

图 1-9　下棋

图 1-10　踢毽子

图 1-11　空竹

图 1-12　打陀螺

---

[1] 刘燕歌. 唐诗中的少年儿童生活研究 [D]. 西安:西北大学,2007.
[2] 蔡丰明. 游戏史 [M]. 上海:上海文艺出版社,2007:111.

2. 近现代玩具

随着知识的丰富和科学的进步，成人对儿童有了新的发现和认识，新的儿童观走进了人们的视野。正是对儿童的再认识和重新认识，儿童的地位真正得到了成人的认可，儿童的发展也真正受到了成人的重视。而玩具，这个与儿童息息相关的伙伴，其设计和开发也发生了巨大的改变（图1-13）。

图1-13 近现代玩具

古代玩具多为成人制作，无论是蹴鞠或者秋千、风筝，其初衷都是辅助成人的休闲娱乐，真正为儿童制作的玩具几乎为零。而到了近代，玩具开始真正为儿童服务，越来越多的儿童玩具涌现出来。德国教育家福禄培尔制作的"恩物"就是专门为儿童设计的。福禄培尔认为，游戏有助于儿童智力和身体的发展，是顺应儿童自然发展的活动，因此他设计出的"恩物"能促进儿童感官发展，培养儿童的创造性思维。

由于人们对儿童的地位逐渐认可，对儿童的认识逐渐深入，为儿童设计的玩具也更加具有针对性和适宜性，更加促进儿童的发展，如专门为儿童设计的智力玩具（图1-14）、专门训练儿童感官的玩具（图1-15）……可以说，近现代的玩具从真正意义上成为儿童的玩具，而与之相随的，儿童的地位亦得到了成人的认可。

图1-14 积木积塑　　　　　　　图1-15 儿童乐器

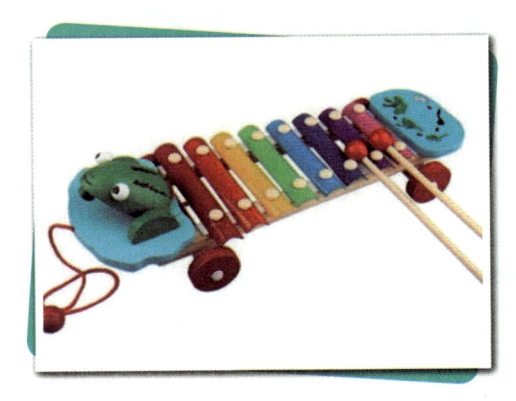

伴随着科学技术的进步，现代玩具得到突飞猛进的发展，其种类更加丰富，材料日益多样化，游戏性和娱乐性也越来越浓厚。受改革开放和经济全球化的影响，我国的玩具事业愈发成熟和多样。技术的革新带来了玩具生产的现代化和工业化，玩具市场也日益兴盛，不同年龄、不同性别的儿童都能拥有属于自己的玩具，且玩具制作更加精美，玩法更加五花八门（图1-16和图1-17）。

图1-16　组合积木

图1-17　儿童炊具

电子信息技术的发展也为玩具带来了新的契机，玩具走向了信息化和科技化。遥控玩具、光控玩具、点读玩具以及各种电子游戏迅猛发展，平板电脑以及其他移动设备的普及，也使得虚拟游戏越来越受到人们的欢迎，且这些游戏出现了低龄化的趋势，越来越多的儿童开始参与其中。科技的进步为玩具的发展带来了新的春天，也为儿童的生活添上了崭新的一笔（图1-18和图1-19）。

图1-18　游戏机

图1-19　遥控飞机

二、学前儿童玩教具的特征

玩教具的服务对象是儿童，因此玩教具的设计和制作都应该贴近儿童的生活，利于儿童的操作和玩耍，能让儿童在游戏中获得愉悦的体验，从而为他们的童年带来欢乐和满足，促进其身心的发展。学前儿童玩教具具有以下几个特征。

（一）安全性

儿童是玩教具的服务对象，由于学前儿童的身心发展尚不成熟，因此保证学前儿童在操作玩教具时的安全是极其重要的。玩教具的安全性既包括玩教具材料的安全性，又包括玩教具的设计以及操作时的安全性。如图1-20，玩具椅的制作选择了柔软的毛绒材料，不会使儿童发生磕碰受伤的情况。

有些劣质的玩教具，其制作材料本身是含有有害物质的，儿童如果长期接触，容易对身体造成损害。而有些玩教具的小零件容易被儿童吞食，或者材料锋利，易割伤儿童等。这些安全隐患需要在设计和制作玩教具时就引起人们的注意，游戏的快乐愉悦建立在玩教具安全可靠的基础上，保证学前儿童的安全永远是第一位的。

图1-20 毛绒材料的玩具椅

（二）趣味性

玩教具是学前儿童游戏时的辅助物，是学前儿童的重要伙伴。儿童通过操作玩教具，沉浸于游戏中，在游戏中满足自己的好奇心，享受自己的游戏成果，获得满足感，体验到游戏的快乐。

玩教具的制作应贴合儿童的生活，能让儿童感受到游戏的快乐。儿童的生活是充满童真童趣的，作为儿童的重要玩伴，充满趣味性的玩教具是童年生活不可或缺的一部分。儿童在游戏中获得愉悦的情感体验，增强对美的感受，在童趣中得到各方面的发展（图1-21）。

图1-21 充满趣味性的玩具

9

（三）操作性

学前儿童玩教具不仅具有玩具的功能，还承担着教育的辅助者功能。因此玩教具在为儿童带来趣味性的同时，也应该对儿童有一定的启发和教育意义，而玩教具的教育意义是可以通过儿童的操作来实现的。通过亲身的体验和操作，儿童在其中发现问题、思考问题、解决问题，在主动的探索中发展自己的能力，在不断的尝试中提升自己的智力，在解决问题的过程中获得满足感，收获愉悦的情感体验。

学前儿童的学习方式是直接感知、实际操作和亲身体验，他们通过与周围环境的互动来建构自己的理解和认知，因此重视学前儿童的亲身实践和操作是极其重要的，而这也是学前儿童玩教具设计和制作时所要考虑的重要原则（图 1-22）。

图 1-22　具有操作性的玩具

（四）教育性

近现代玩具有一个重要的特点，就是教育性。从英国教育家洛克发明的识字积木，到福禄培尔设计的"恩物"，再到蒙台梭利开发的一系列教具，其主要目的都是促进儿童的发展，玩具的教育性日趋显著。这些玩具承载了成人对儿童的重新认识和新的期望，是真正为儿童所设计和制作的玩具。玩教具更是如此，其兼顾了玩具和教具的特性，经常用于幼儿园的教育活动中，因此更具有一定的教育性。它是帮助儿童获得知识的好工具，对儿童的教育产生一定的影响。

图 1-23　体现教育性的玩具

项目 1　学前儿童玩教具世界初探

　　玩教具的制作要以儿童为中心，起于儿童，止于儿童；要结合不同年龄段儿童的特点，开发出有利于他们成长的玩教具，让他们乐在其中，学在其中。值得注意的是，虽然玩教具的制作具有教育性，但成人不可过分强调玩教具的教育功能。玩教具的初衷还是让儿童在快乐中成长，在游戏中发展他们的能力，一旦违背初衷，把玩教具只看成是辅助幼儿学习的工具，那么玩教具的意义也就减弱甚至不复存在了（图1-23）。

三、学前儿童玩教具的制作标准

　　玩教具是供学前儿童使用和操作的，因此玩教具的制作需要遵循严格的制作标准。根据玩教具的几个特征，学前儿童玩教具制作应当遵守以下几个标准。

（一）保证儿童的安全

　　无论是在学习还是在游戏中，保证儿童的安全永远是第一位的。这个安全包括儿童身体的安全和心理的安全两个方面。

　　首先，制作玩教具时，应该保证制作材料的安全无毒。有些劣质玩教具的材料含有甲醛、铅、汞等有害物质，儿童长期接触，其危害不言而喻。因此，在制作玩教具时，要选择健康无毒的制作材料。其次，有些玩教具的设计不合理，存在安全隐患，可能对儿童的安全造成危害。比如有些玩教具的边缘比较锋利，容易割伤儿童（图1-24），又或者某些玩教具的小零件比较多，容易被年龄小的儿童误吞食，造成极大的伤害。所以，成人在设计和制作玩教具时应该全面考虑可能存在的安全隐患，杜绝任何可能伤害到儿童的设计和制作。

　　另外，保证儿童的安全还包括儿童的心理安全，即让儿童拥有舒适和愉快的体验，不会对儿童造成任何心理的伤害和影响，不会留下消极和负面的心理阴影（图1-25）。这也是玩教具制作的重要标准，要始终把儿童的安全放在首位。

图1-24　易割伤儿童的玩具　　　　　图1-25　需成人陪伴的玩具

11

（二）重视儿童的参与和操作

玩教具的制作要灵活，它不仅仅只是被观赏的摆件，更应该具有可操作性，能够让学前儿童亲身实践和参与，从而锻炼学前儿童的相关能力（图1-26和图1-27）。

比如一个塑料瓶，如果摆在那里只是一个没有用途的废旧物品，丝毫不能引起儿童的兴趣。但如果为儿童提供材料，让孩子们动起手来，塑料瓶就可以变成美丽的花瓶，可以变成锻炼肌肉的沙锤，可以围起来组成坚固的小板凳，可以变成有趣的传声筒，等等。如此一来，一个简单的塑料瓶就可以激发儿童的好奇心，引起儿童无穷的想象力。孩子们在动手操作中锻炼了不同的能力，开发了智力，也能够享受到与人合作的快乐。因此，玩教具制作需要具有可操作性，因为儿童正是在这种操作中来认识世界，建立与周围环境的联系。

图1-26　儿童能亲手操作的钓鱼玩具　　　图1-27　儿童敲击乐器

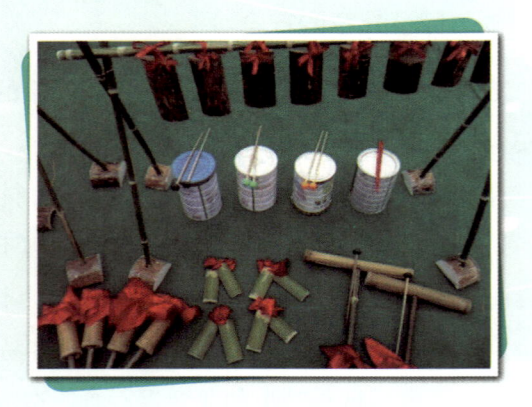

（三）符合儿童的身心发展特点

玩教具的使用对象是学前儿童，其设计和制作应该符合儿童的身心发展特点。儿童的世界是天真美好的，充满着童真童趣。成人的玩具也许孩子们不感兴趣，但是孩子的玩具却经常让成人觉得有趣。

玩教具应该具有趣味性，要以儿童为中心。在制作玩教具时也应该注意发挥玩教具的童趣性，童趣性包括外观的有趣和玩法的有趣两个方面。首先，玩教具的外观应该是有趣的（图1-28）。因为有趣活泼的外表能吸引孩子们的注意力。由于年龄的特点，绝大部分儿童都喜欢明亮鲜艳的颜色，喜欢形象生动的外形，比如那些外形夸张、活泼有趣的卡通形象就经常能博得儿童的眼球。其次，玩教具制作要注重玩法的有趣（图1-29）。一件精美的摆件虽然能短暂吸引儿童的注意力，但新鲜劲过去之后，便很少会注意到它。小班的幼儿尚在直觉行动思维阶段，而中大班儿童处于具体形象思维阶段，只有让孩子们"动起来"，其感受到的趣味才可以长久。比如用瓶子做成的高跷，大小适中，玩法有趣，自然能赢得儿童的关注和喜爱，若是不断更换游戏规则和外表的装饰，那儿童就更加爱不释手了。

图 1-28　拟人化的玩具 　　　　　　　　　图 1-29　激发儿童创造力的玩具

(四) 具有一定的教育功能

玩具与教具虽然是两个不同的概念，但在学前教育阶段，玩具与教具是可以统一的，即玩教具。因此，玩教具的制作除了具备趣味性和娱乐功能外，还应该具有一定的教育功能。

学前儿童的玩教具可以成为家长和幼儿园教师开展教育活动的辅助工具。比如在幼儿园的教育活动中，儿童可以通过易拉罐做成的"木桩"锻炼跳跃、平衡等能力；可以用不同形状的叶子拼贴成美丽的图画，发展儿童的审美和想象力；可以用废旧报纸剪成各种各样的衣服，锻炼儿童的动手能力；可以用不同材料做成小船，放在水中，发现浮力的秘密；等等。成人应该发挥玩教具的价值，物尽其用，物超其用，帮助儿童在动手和操作中了解周围的世界，有所收获，从而促进儿童身心的发展（图 1-30 和图 1-31）。

图 1-30　儿童在游戏中学到了数学知识 　　　　　图 1-31　儿童在游戏中认识了时钟

(五) 兼顾艺术性与科学性

玩教具在设计和制作上要满足儿童的审美要求，让儿童在游戏中受到美的熏陶。有些玩

教具由于粗制滥造，失去了美学的意义，仅仅是在敷衍儿童。真正制作精良的玩教具能够让人身心愉悦，在造型和颜色上都给人美的享受（图1-32）。因此，在制作玩教具时，要注重玩教具的艺术美，结合儿童的年龄特点，体现童真童趣，真正让儿童接受和喜爱。

此外，玩教具的制作也应具有一定的科学性。有些玩教具的制作敷衍了事、得过且过。在这种态度下生产出的玩教具又如何能让儿童有所收获呢？比如在幼儿园科学活动时用到的天平，若是粗制滥造，连计量出的重量都是有误的，那儿童不但会毫无收获，反而会接收到错误的信息，危害他们的成长。因此，在制作玩教具时要重视科学性（图1-33）。尤其是进行幼儿园科学活动时，要抱着科学严谨的态度去操作和实践，为儿童树立良好的榜样，让儿童真正接近"科学"。

图1-32　具有艺术性的玩具　　　　图1-33　具有科学性的玩具

四、学前儿童玩教具制作的意义

（一）有利于儿童的全面发展

玩教具能为儿童带来尽可能多的学习机会，让儿童在游戏中有所收获，从而促进他们各方面的发展（图1-34和图1-35）。

首先，玩教具能促进儿童智力的发展。各种拼图（图1-36）、积木（图1-37），以及美术活动、语言活动等，能够让儿童在操作和实践中感受形状、颜色、声音、韵律等，通过与玩教具的互动建立与周围环境的联系，形成对外界的认知。儿童在游戏中学习了知识，发展了能力。

其次，玩教具有利于儿童体能的增强。如易拉罐做成的高跷、塑料瓶做成的哑铃，以及其他有趣的玩教具，都可以让儿童在玩耍中锻炼有关动作的发展，掌握跑、跳、爬、平衡等运动技能，发展手眼协调能力以及增强大小肌肉等。

最后，玩教具还能发展儿童的学习能力和学习品质。《3—6岁儿童学习与发展指南》指出，学习品质指的是能反映儿童自己以多种方式进行学习的倾向、态度、习惯、风格等。它不是指儿童所要获得的那些知识、技能本身，而是指儿童自己怎样去获得各种知识、技能。由此可见，学习品质强调的不是知识和技能本身，而是强调儿童如何通过自己的能力去获得知识和习得技能。真正有趣、有意义的玩教具，能够激发儿童的好奇心，引起儿童的学习兴趣，促进儿童主动去探索和实践，锻炼他们发现问题、解决问题的能力，让儿童在操作和体验中有所收获，在愉悦的氛围中培养学习品质。

图 1-34　激发儿童的想象力 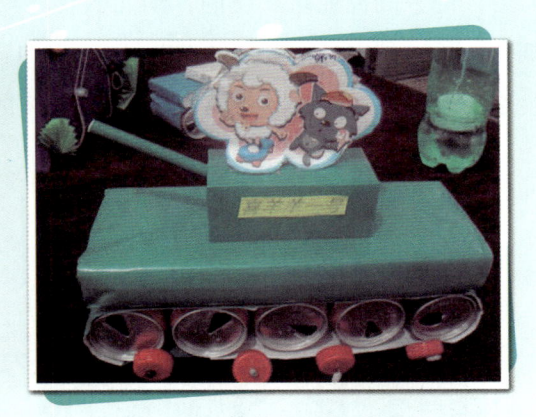　　　　　图 1-35　提高儿童的创造力

图 1-36　拼图 　　　　　　　　　　　图 1-37　积木

（二）幼儿园教育活动的重要载体

玩教具既拥有玩具的娱乐功能，又包含教具的教育意义。作为幼儿游戏和学习的重要辅助工具，玩教具无疑对幼儿园教育活动有着重大意义。

在幼儿园的教育活动中，玩教具无时无刻不在扮演着重要角色。在活动的导入阶段，教师可以利用玩教具激发儿童的学习兴趣，比如用报纸折成的玩偶、用瓶子做成的盆栽，又或者只是简单的一片叶子。在活动的展开阶段，儿童可以亲身体验和探索玩教具的具体用途，可以练习运动技能，可以思考科学奥秘，可以感受美的熏陶。在活动的结束阶段，玩教具担任着总结与继续激发学习兴趣的角色。儿童在思考和探索中深入发掘玩教具的"秘密"，在游戏中收获知识的熏陶和愉悦的情绪体验。

玩教具是儿童的重要伙伴，是幼儿园活动的重要载体。在区域活动中、在户外游戏中、在一日生活里，玩教具始终承担着重要的职责，让儿童在游戏中大有所得。

（三）培养儿童的环保意识

与大部分的商业玩具不同，幼儿园玩教具的制作材料多来源于日常生活。它可以是废旧的纸壳瓶子，可以是大自然的花花草草（图1-38和图1-39）。正如陈鹤琴所说："大自然、大社会是活教材。"儿童应该去大自然获取直接的经验，促进他们想象力和创造力的发展。

图1-38　草编蟋蟀　　　　　　　　　　图1-39　纸壳蜗牛

幼儿园玩教具的材料多是废旧物品，根据周围环境的便利程度，就地取材。一方面，这样做可以节约教育成本，节省资源，另一方面，也为孩子树立了环保意识，有助于培养孩子节约的品质。当教师将生活中常见的废旧材料以另一种面貌呈现在儿童面前时，无疑给儿童一种耳目一新的感觉，这可以帮助他们重新发现我们周围的世界，有助于促进儿童想象力和创造力的发展。

（四）促进幼儿园教师的专业成长

玩教具与幼儿的学习密不可分。幼儿园教师通过自制玩教具，能够更好地安排活动进程，丰富活动形式，有目的、有计划地促进幼儿的学习与发展。因此，玩教具的合理制作和使用，对幼儿园教师专业成长的重要价值不言而喻。

1. 深化教师对玩教具的认识

自制玩教具是促进幼儿学习的重要资源，教师在制作和使用过程中，应不断深化对自制玩教具的认识，树立正确的游戏理念和玩教具的制作理念，充分发挥自制玩教具的真正价值。

霍力岩教授认为,"幼儿园优秀自制玩教具"主要有以下三方面含义:一是教师"有准备的材料",是蕴含教师教育意图的材料;二是"幼儿的操作材料",是幼儿游戏和学习活动的对象物;三是能够落实立德树人根本任务,奠基幼儿文化自信的活动材料[①]。

由此可见,一个优秀的自制玩教具,必定要全方位满足幼儿和教师的需要,促进学与教的贯通,同时又能彰显相关教育理念,促进学前儿童的健康发展。好的自制玩教具,并不仅是教师单方面的制作,而是要充分考虑到幼儿的需要,聆听幼儿的心声,让幼儿和教师一起合作,从而制作出能满足学前教育需要的玩教具。

2. 帮助与支持教师促进儿童的身心发展

教师在自制玩教具之前,要充分了解儿童的身心发展特征,多与儿童对话,明白他们真实的需要,因人而异,因材施教,有针对性地制作和投放玩教具。比如对于幼儿园小班的幼儿来说,他们的身心发展尚未成熟,在玩教具的制作和使用方面,教师应该为他们提供种类少而数量多的材料,基本满足每个幼儿对材料的探索需求,使每个幼儿都能"玩得着,做得到"。而对于中、大班的幼儿而言,随着他们年龄的增长,对玩教具的要求不断提高。教师可以为中、大班的孩子提供种类更丰富、开放性更强的材料,让他们在动手动脑中发挥自己的想象力和创造力,制作出更多的样式,构想出更多的玩法。

幼儿教师要努力增加自己的知识储备,不断深化对幼儿及其身心特点的认识,形成积极的儿童观,将理论运用于实践之中,促进幼儿的身心健康发展。

3. 提升教师与家长、社区之间的合作

幼儿教师应重视家长和社区在学前教育中的地位,合理利用家庭及社区的资源,丰富玩教具的材料和用法,最大化地发挥玩教具的价值。

家长是幼儿教育的积极参与者和重要帮助者,家庭能为幼儿园提供很多材料和帮助,幼儿教师可以发动家长,收集更多的玩教具制作材料,号召家长一起参与到玩教具的自制当中,集思广益,丰富自制玩教具的意义。同时,家长参与其中,可以为亲子互动提供更多的机会,增加幼儿的情感体验,促进其健康发展。同理,社区资源的合理利用也能丰富玩教具的制作和使用意义。教师结合当地的社区资源,有针对性地制作和使用玩教具,使玩教具更贴合幼儿的生活,让幼儿获得丰富的经验储备。

教师在玩教具的自制过程中,联系当地实际,联络家庭和社区,能有效发挥玩教具的实际价值,也提升了家园合作和联系的能力,从而促进自身能力的发展,促进学前教育质量的提升。

幼儿教师担负着教育儿童的责任,而游戏是儿童最主要的学习方式,玩教具在其中具有

---

① 霍力岩. 从学前教育装备的视角谈幼儿园自制玩教具与幼儿的有效学习 [J]. 教育与装备研究,2018:7-9.

重大意义。幼儿教师在玩教具制作的过程中，要不断学习，不断探索，不断提高自己的能力，为学前教育事业的发展贡献出一份力量。

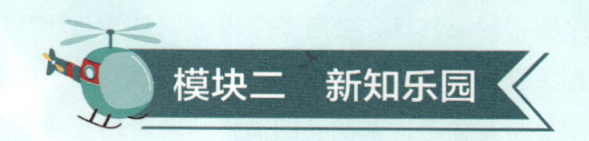

模块二　新知乐园

一、新知速递

福禄培尔的"恩物"

福禄培尔是德国著名的教育家，他创办了世界上第一所幼儿园，被称为"幼儿园之父"。福禄培尔非常重视游戏的作用，他设计出一套供儿童游戏和作业的活动玩教具，把这些玩教具称为"恩物"。

"恩物"意为恩赐的礼物，是由一系列球体、圆柱体、立方体等组成的玩具。

第一种"恩物"包括红、黄、蓝、橙、紫、绿六种颜色组成的圆球（图1-40）。儿童可以触摸、抓握小球，可以通过观看悬挂小球的物理运动轨迹体会空间知识并发展观察能力，可以通过联想现实中的球体使想象力得到提高，等等[1]。

第二种"恩物"是木制的圆球、立方体和圆柱体（图1-41）。儿童通过观察立方体，对空间、数量等产生认识，也可以了解基本方位，形成对动静结合的认知。

第三种"恩物"是可以分成8个体积相等小正方体的木制大立方体（图1-42）。儿童可以任意组合它们的形状，了解物体的位置关系。

第四种"恩物"是木制的大立方体，可以纵向分成8个体积相等的小长方体（图1-43）。

第五种的木质立方体可以分成27个小立方体，其中又包括18个未分割的小立方体和按对角线分割的36个体积相同的小三角体（图1-44）。

在第六种"恩物"中，木质立方体可以被分成27个体积不等的小长方体[2]。这些小长方体被不同的切割方式所分割，儿童通过操作和实践，体会到统一和分割的概念（图1-45）。

---

[1] 莫利桃.西方自然主义教育家的游戏理论及其当代启示[D].长沙：湖南师范大学，2014.
[2] 盛于兰.福禄培尔"恩物"与蒙台梭利"教具"的比较研究[D].杭州：浙江师范大学，2011.

图 1-40

图 1-41

图 1-42

图 1-43

图 1-44

图 1-45

二、网络视频推荐

视频名称:《幼儿游戏与指导》

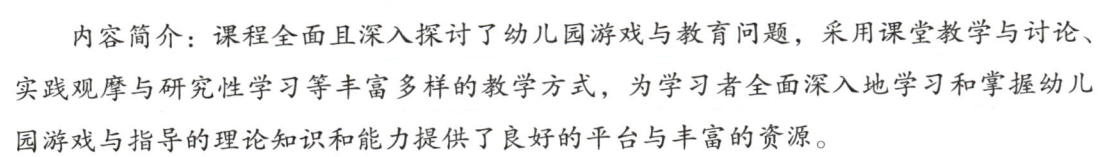

内容简介:课程全面且深入探讨了幼儿园游戏与教育问题,采用课堂教学与讨论、实践观摩与研究性学习等丰富多样的教学方式,为学习者全面深入地学习和掌握幼儿园游戏与指导的理论知识和能力提供了良好的平台与丰富的资源。

授课人:刘焱

网址:爱课程网公开课

视频名称：《儿童艺术与儿童成长》

内容简介：课程主要包括儿童艺术与艺术教育两大部分。首先从发现儿童的艺术天性入手，引导受众建立一个看待儿童艺术的正确立场，进而认识儿童在艺术感受和表达方面的潜在可能性，感受儿童艺术的独特魅力。在此基础上，思考和理解艺术教育对促进儿童成长的价值和意义，并结合大量生动的具体案例帮助受众学习和了解引导儿童走进艺术、进行艺术欣赏和表达的有效途径和方法。

授课人：边霞

网址：爱课程网公开课

视频名称：《幼儿教师美术技能》

内容简介：幼儿教师美术技能是指幼儿园教师在幼儿园教学活动中，能够运用一定的美术专业知识和技能，遵循幼儿身心发展规律和特点，顺利完成幼儿园教育教学任务的能力。它包括美术技能与美术技能应用两个层面的内容，同时具备对儿童美育教学的认识。课程包括线描造型、色彩造型、纸艺、泥工、绘画、手工等方面内容。

网址：爱课程网公开课

视频名称：《玩具机构设计与制作》

内容简介：本课程以不同类型的玩具为载体，通过六个学习情境的学习，让人轻松愉快地学到相关的专业知识，使学习者在学习过程中掌握相关专业知识的同时，又能锻炼相关的专业技能；了解神秘的玩具内部机构，揭秘玩具动作的奥秘。

网址：爱课程网公开课

项目 2　健康领域玩教具制作

学海导航

知识目标　了解健康领域玩教具对于幼儿发展的重要性，熟悉并掌握健康领域玩教具的基本制作步骤和方法。

技能目标　培养学生大胆创新和动手制作的能力，能运用生活中的简易材料或废旧材料，根据幼儿在健康领域的年龄特点，制作出具有安全性、创造性、实用性、简易性的玩教具。

情感目标　基于幼儿园孩子的年龄特点和动作发展水平，制作出能够有效提高幼儿身体素质的教玩具作品，满足不同幼儿的锻炼需求。

模块一　基础知识

一、健康领域玩教具概述

健康领域玩教育是指在幼儿园体育活动中所使用的，能够发展幼儿体能，提高幼儿身体素质和适应环境能力的器械。《幼儿园工作规程》中明确指出："幼儿园应当因地制宜，就地取材，自制玩教具。"这句话充分说明自制玩教具在幼儿园有着举足轻重的地位，是值得我们大力推广和提倡的。在充分考虑儿童身体特点的基础上，教师通过自制健康领域玩教具，提高儿童身体素质，培养儿童对体育活动的兴趣，以游戏为基本活动形式，用丰富多彩、轻松活泼的各种身体活动来增强儿童体质。

儿童在健康领域有一系列基本动作，包括走、跑、跳、投掷、钻爬等，小中大班的幼儿身体特点不同，所以应提供相应的玩教具材料。制作玩教具的材料一般来自生活中的常见材料或废旧材料，如易拉罐、塑料瓶、纸板箱、零布料、奶粉罐、呼啦圈、麻绳等，根据所要发展的儿童基本动作，选择符合特性的材料，制作出具有安全性、挑战性、实用性的健康领域玩教具。例如，"梅花桩"能够发展幼儿平衡行走的能力；"赶小猪"能够发展幼儿定向行走的能力；"布尾巴"能够发展幼儿追逐奔跑的能力；"大嘴怪"能够发展幼儿持续奔跑的能力；"单双脚跳"和"跳跳圈"能够发展幼儿的腿部力量和跳跃能力；"穿越火线"和"纸箱钻钻钻"能够锻炼幼儿的钻爬能力；"纸箱城堡"能够锻炼幼儿的投掷能力；"无敌大纸环"能够锻炼幼儿的合作能力。

二、健康领域玩教具制作的教学意义

采用身边常见的物品、废旧材料或者是易收集到的材料等，让学生制作出每个基本动作对应的玩教具，学会发现身边的可利用材料，能够大胆尝试、勇于创新，有较强的实践操作意义。

丰富的器材是有效开展幼儿体育锻炼的必要条件，通过自制玩教具来补充和优化幼儿园器材是一种必要的手段，它可以让体育活动更具有多样性、趣味性、层次性等。另外，幼儿教师通过日常对本班幼儿的观察，了解幼儿喜欢什么、需要什么、缺乏什么，从而有选择性地自制一些玩教具，让幼儿的基本动作有更明确的发展目标。

模块二 健康领域玩教具的筛选、运用与指导

一、健康领域活动中玩教具的筛选

健康领域活动中的玩教具是以满足幼儿不同生长需要、促进幼儿健康发展为目的的，应当选择安全性更高的玩具，保证幼儿在游戏中的安全。健康领域活动中玩教具的选择应遵循安全性、层次性、目的性、趣味性的原则，《幼儿园教育指导纲要（试行）》指出，要用幼儿感兴趣的方式发展基本动作，提高动作的协调性、灵活性。幼儿感兴趣的方式除了活动的组织新颖有趣之外，还有体育器材本身对幼儿的吸引力。

二、健康领域活动中玩教具的运用与指导

健康领域活动中玩教具的选择应体现年龄层次性，能适合不同发展程度的幼儿进行体育锻炼，投放的器材能使幼儿达到不同层次的目标，按由浅入深、由易到难的要求进行投放。

项目 2 健康领域玩教具制作

实例链接

　　《3—6岁儿童学习与发展指南》中明确指出：幼儿动作发展的主要目标是动作协调、灵敏，具有一定的力量与耐力等。现在大多数幼儿下肢力量相对较弱，影响幼儿的走、跑、跳等动作，下蹲运动能很好地锻炼幼儿的腿部力量，是一个简单易操作的练习动作，但是单纯的下蹲练习会让幼儿感觉枯燥，难以坚持，根本无法引起幼儿参与的兴趣。而中班体育游戏《打地鼠》，可以让幼儿在"打地鼠"的过程中反复进行下蹲运动，达到锻炼幼儿下肢力量的目的，发展幼儿动作的协调性和灵敏性。整个游戏过程紧张有趣，使幼儿能够完全认真地投入进去，同时还能锻炼幼儿的躲闪能力和团结合作的能力（图2-1）。

图 2-1　中班体育游戏《打地鼠》

1. 小班健康领域活动中玩教具的运用与指导

　　小班幼儿年龄小，多以自我为中心，活动中极易发生争抢或不配合，在运动能力等方面也存在较大的差异。所以，教师在活动中不仅要依据活动的需要投放丰富的运动材料，更要重视孩子的动作发展水平，创设难易程度不同的内容，做到灵活引导，积极互动，以满足他们的不同需求。具体如表2-1所示。

表2-1 小班健康领域活动常见的玩教具及其玩法

游戏名称	发展目标	玩教具材料	玩法
投篮	锻炼幼儿的手臂力量，发展幼儿的手眼协调能力	硬纸板、麻绳、皮球	幼儿双手抱球，将球投进篮筐内
小乌龟过山洞	锻炼幼儿双手及手臂力量和手膝着地屈膝爬的能力	大型纸板箱	幼儿从起点出发，手膝着地屈膝爬，遇到"山洞"的时候需要控制身体钻过去，到达终点结束
套圈	锻炼幼儿大手臂的力量，练习投准的能力	布娃娃、小椅子、呼啦圈、绳子	由两名幼儿拉住绳子作为分界线，套圈的幼儿必须站在分界线外面，用呼啦圈进行套圈，套住小椅子后，上面的布娃娃就可以拿走
抬花轿	锻炼幼儿向指定方向行走和两人合作的能力	不织布、娃娃	两名幼儿分别拉住不织布的两个角，将娃娃放在中间，两人合作将娃娃送到目的地
滚推玩具	锻炼幼儿定向行走的能力	PVC管、铁丝衣架、薯片罐	幼儿单手或者双手抓住杆子，向指定方向行走

2. 中班健康领域活动中玩教具的运用与指导

中班幼儿的身体开始变得更结实，精力更充沛，基本动作发展也更灵活，动作质量明显提高，如能平衡地走过宽10厘米、高20厘米、长200厘米的平衡木。中班幼儿适合发展跳跃的兴趣，他们能用已获得的知识初步识别自己起跳和落地的动作，关心自己跳的距离，有跳得更远更高的愿望。具体如表2-2所示。

表2-2 中班健康领域活动常见的玩教具及其玩法

游戏名称	发展目标	玩教具材料	玩法
跳袋	锻炼幼儿并脚行进跳的能力	不织布	幼儿双脚套在跳袋里面，双手拉住两边的手环，并脚向前跳
飞盘	锻炼幼儿手腕和手臂的力量	海绵、布、针线	幼儿用一只手捏住飞盘，向远处扔出去
高跷	锻炼幼儿身体平衡力，提高动作的协调性和灵活性	易拉罐、粗麻绳	幼儿将脚分别踩到易拉罐上，双手拉紧绳子，练习踩高跷
弹弹球	锻炼幼儿的手臂力量和手眼协调能力	塑料环、布、报纸、球	幼儿双手握住弹弹球垫板，将球放在中间，双臂向上用力抛起，并尝试接住掉下来的球，反复进行
降落伞	锻炼单手向上抛，增强手臂力量并接住目标	布、毛线、塑料积木	幼儿将降落伞捏起来握在手心，单手用力向上抛起，在降落伞缓缓降落过程中，用双手接住降落伞

25

3. 大班健康领域活动中玩教具的运用与指导

大班幼儿的动作发展比较协调灵活，已经有了一定的力量和耐力，因此活动的强度和时间可以适当加长。在动作发展较快的基础上，他们的挑战意识更强，单一的动作练习已经不能激发幼儿对游戏的兴趣了，可以设计一些具有竞争性、挑战性、合作性的游戏。具体如表2-3所示。

表2-3　大班健康领域活动常见的玩教具及其玩法

游戏名称	发展目标	玩教具材料	玩法
抖小球	锻炼身体的灵活性和腿部的力量	纸箱、小纸球、绳子	幼儿背着纸箱，在起点装入小纸球，跑到终点，靠身体的抖动，将小球抖入筐内
合作鞋	锻炼两人合作的能力和快速行走的能力	硬纸板、松紧带	两名幼儿站在合作鞋上，后面的幼儿双手放在前面幼儿的肩膀上，两人同脚行走前进
保龄球	发展滚球的动作技能，增强手对球的控制能力	饮料瓶、小皮球、纸板箱	幼儿将小皮球对准方向朝地面扔出去，撞击饮料瓶，撞倒较多的幼儿获胜
撕彩条	锻炼快速奔跑能力和躲闪能力	不织布、雌雄贴	一名幼儿身穿彩条背心奔跑，另一名幼儿追逐跑，尝试将对方身上的彩条撕下来
挑扁担	锻炼腿部力量和平衡能力	小扁担、环保袋、装有水的饮料瓶	幼儿将扁担放在肩膀上，将装有水的饮料瓶从起点挑到终点，在规定时间内，挑得多的幼儿获胜

项目 2 健康领域玩教具制作

模块三 对点案例

案例一：走——梅花桩（中班）

材料：易拉罐、麻绳、泡沫胶、胶枪、胶棒、剪刀

① 用泡沫胶将易拉罐依次黏在一起

② 7个一组，固定成"花"形。

③ 用麻绳在易拉罐四周绕紧即成梅花桩，既美观又牢固。

幼儿园　玩教具制作与活动指导

案例二：走——赶小猪（小班）

材料：
大纸箱、泡沫纸、双面胶、记号笔、铅笔、不干胶、透明胶、报纸、塑料瓶、PVC管、剪刀、胶枪、胶棒、美工刀

① 将大纸箱用不干胶包上颜色。

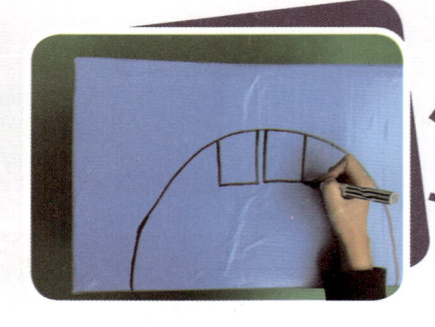

② 用铅笔在纸箱的侧面画上大嘴巴的轮廓。

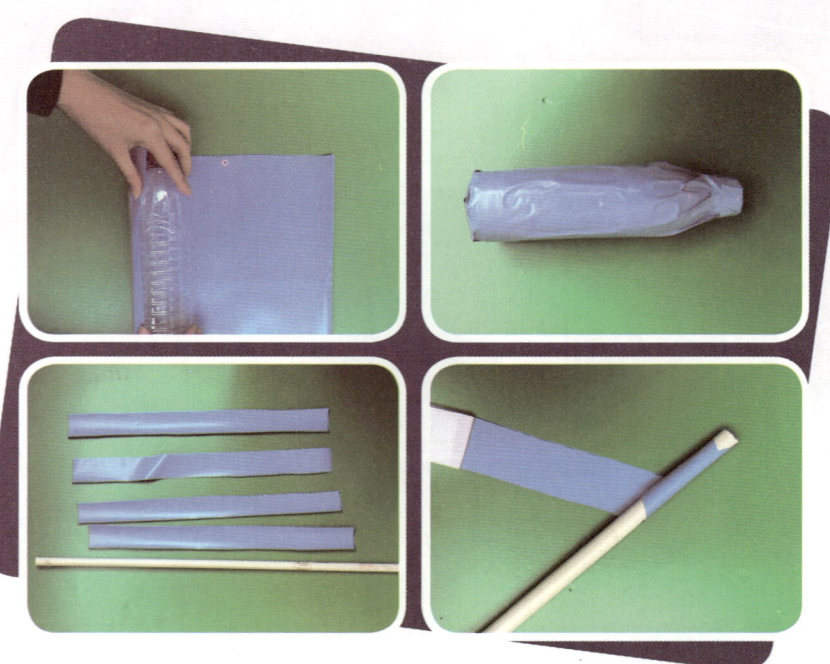

⑦ 制作球杆，用彩色不干胶装饰塑料瓶和PVC管。

⑥ 用彩色不干胶覆盖粘贴在报纸球上，既美观又防水。

28

项目 2 健康领域玩教具制作

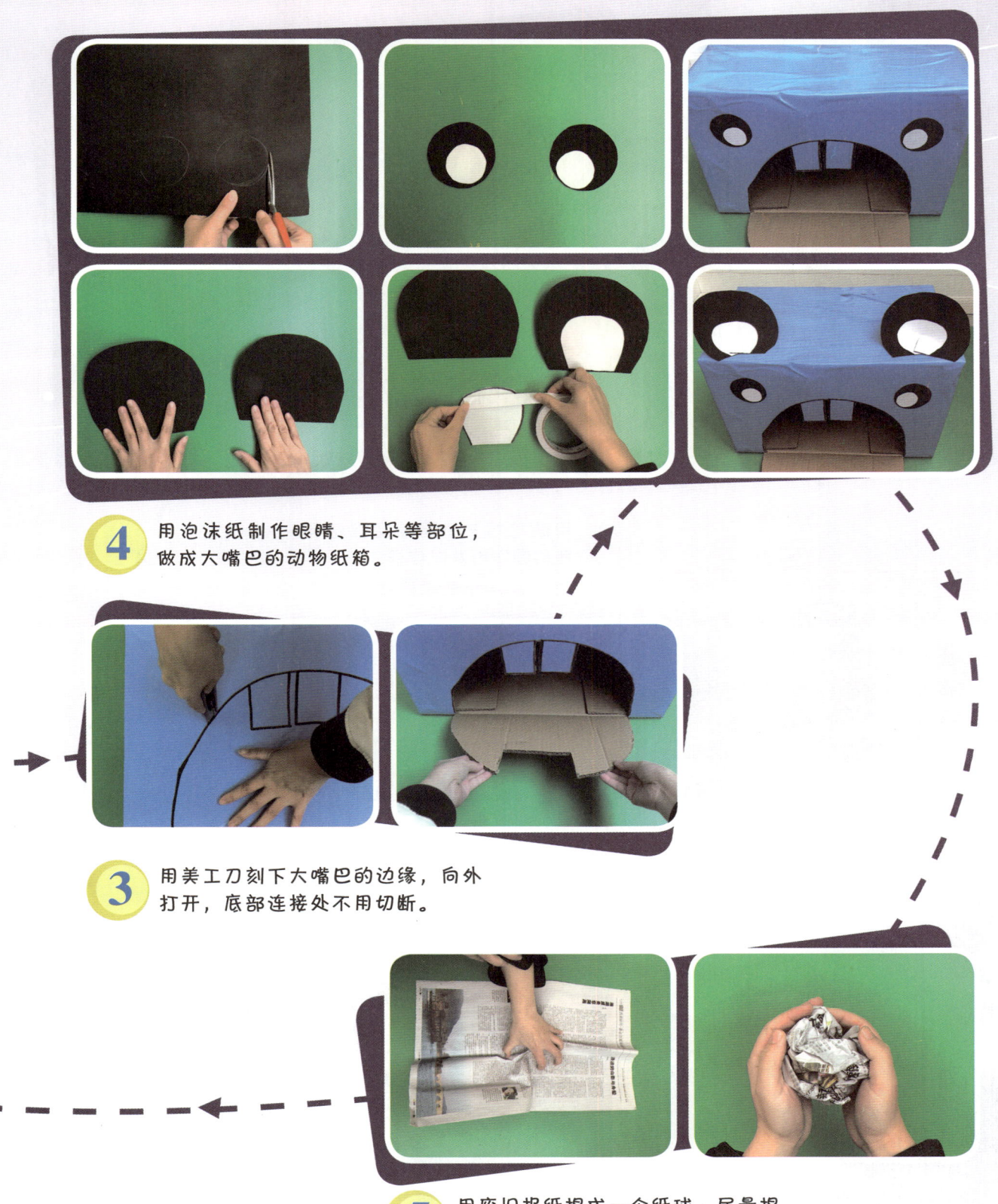

4 用泡沫纸制作眼睛、耳朵等部位，做成大嘴巴的动物纸箱。

3 用美工刀刻下大嘴巴的边缘，向外打开，底部连接处不用切断。

5 用废旧报纸捏成一个纸球，尽量捏紧捏实，用透明胶固定。

29

幼儿园 玩教具制作与活动指导

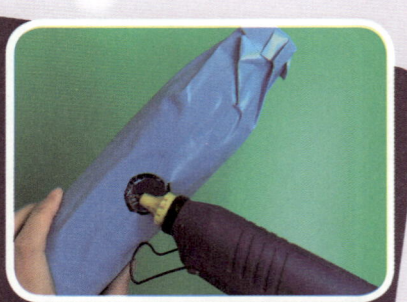

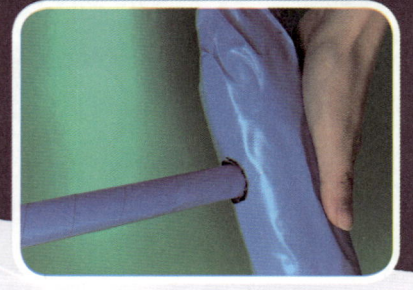

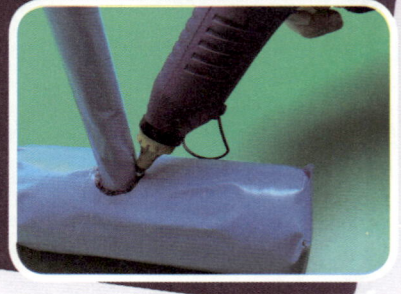

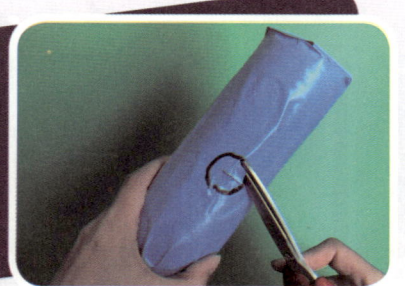

9 用胶枪将PVC管固定在塑料瓶的圆圈内做成球杆。

8 在塑料瓶的腰部中间位置，按照PVC管的粗细，画上一个圆圈记号，并用剪刀镂空。

10 赶小猪游戏玩法：幼儿挥动球杆，将球打进大嘴巴的动物纸箱。

项目 2　健康领域玩教具制作

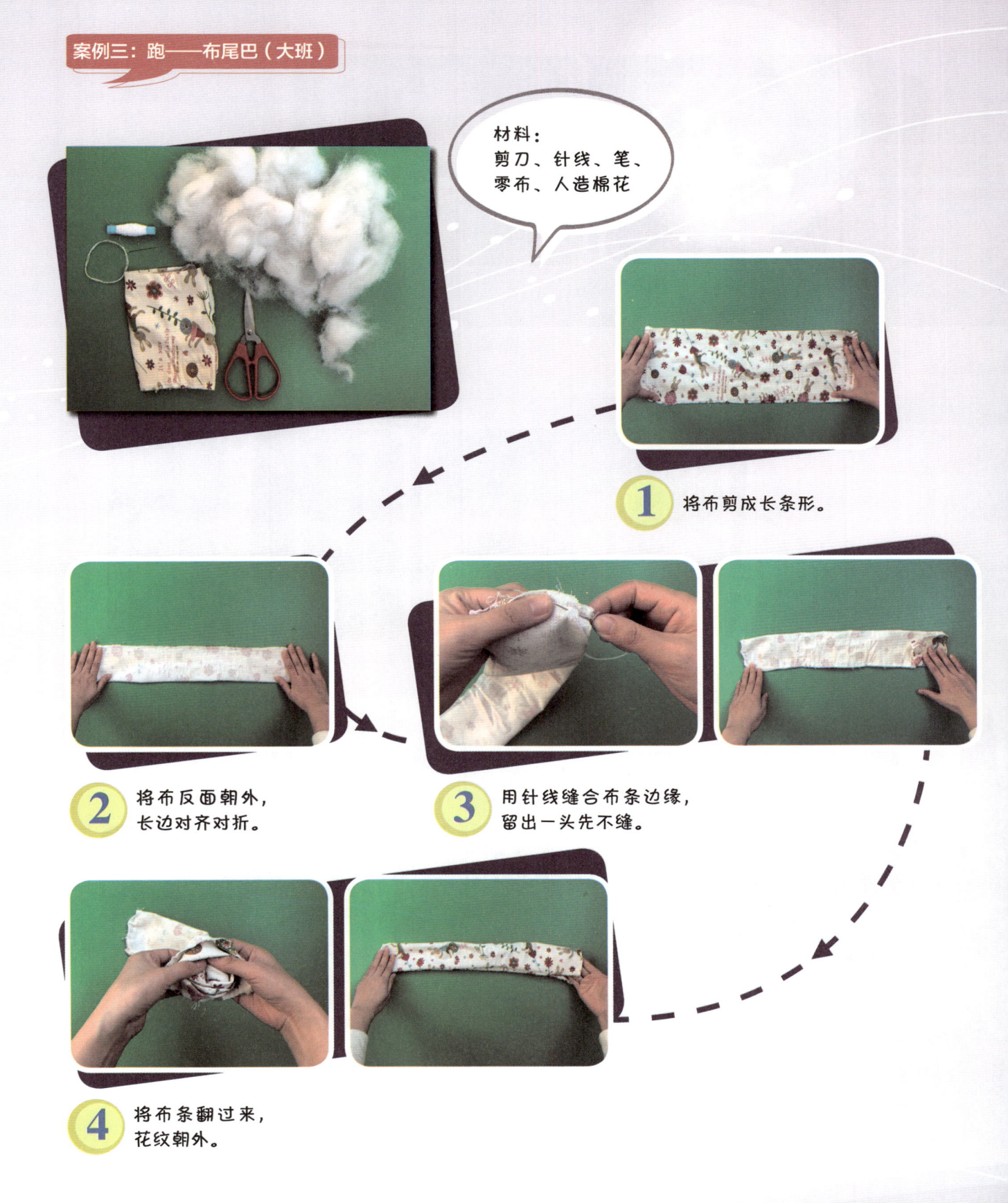

案例三：跑——布尾巴（大班）

材料：
剪刀、针线、笔、零布、人造棉花

① 将布剪成长条形。

② 将布反面朝外，长边对齐对折。

③ 用针线缝合布条边缘，留出一头先不缝。

④ 将布条翻过来，花纹朝外。

31

幼儿园 玩教具制作与活动指导

⑤ 从开口处塞进人造棉花，使布条饱满。

⑥ 用针线缝合剩余的部分。

⑦ 把"尾巴"固定在幼儿的腰部，就可以玩"抓尾巴游戏"了。

32

项目 2　健康领域玩教具制作

案例四：跑——大嘴怪（中班）

材料：
粗铁丝、塑料袋、PVC管、记号笔、胶带、彩色丝带

① 在塑料袋上画上"大嘴怪"的形象。

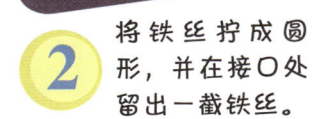

② 将铁丝拧成圆形，并在接口处留出一截铁丝。

③ 将"大嘴怪"的嘴巴口固定在铁丝上，用胶带固定。

33

幼儿园 玩教具制作与活动指导

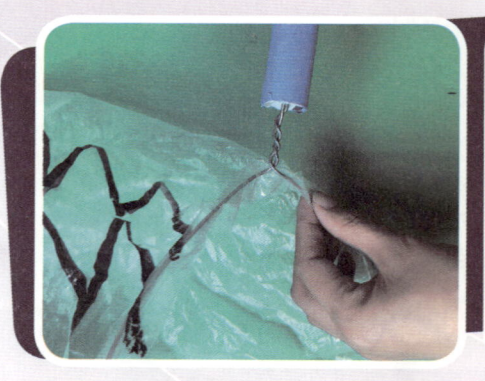

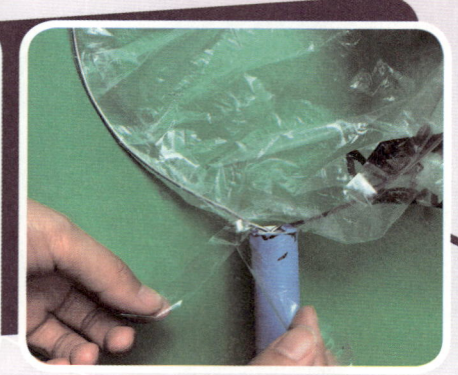

④ 将铁丝插入PVC管内，用胶带固定。

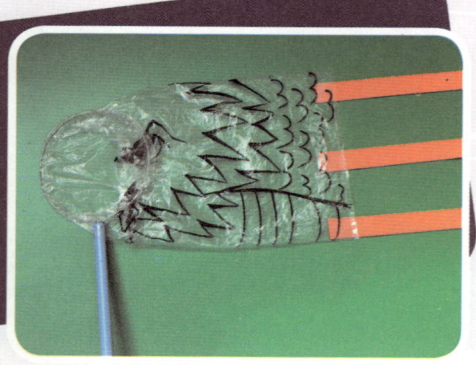

⑤ 在"大嘴怪"后方黏上飘带，增加运动效果。

⑥ 幼儿挥杆带动"大嘴怪"进行奔跑游戏。

34

项目 2 健康领域玩教具制作

案例五：跳——单双脚跳（小班）

材料：
纸筒芯、麻绳、彩纸、塑封机、胶枪、胶棒、剪刀、记号笔

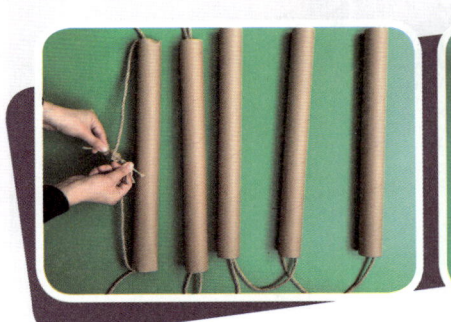

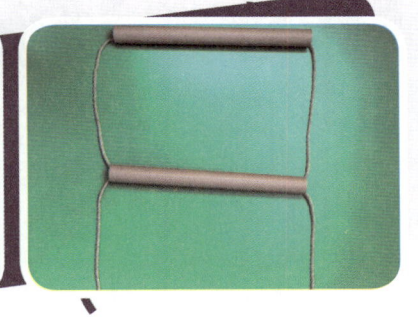

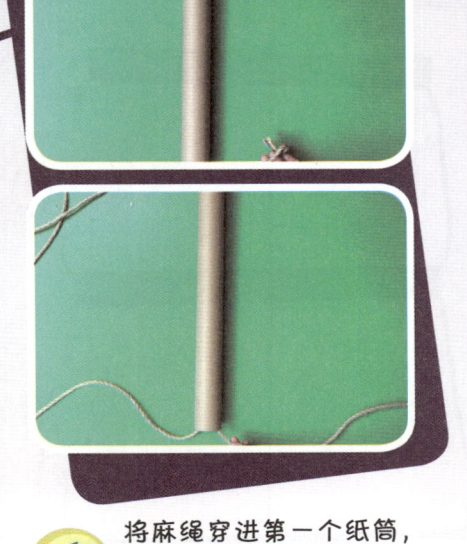

① 将麻绳穿进第一个纸筒，再两头逆向穿进后面的纸筒，依次穿多个。

② 将穿好的纸筒调节好距离，形成一个一个的跳格。

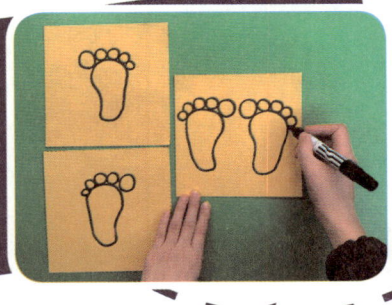

③ 在纸筒的两头，用胶枪固定麻绳。

④ 制作提示卡，在彩纸上画上脚印，单脚或双脚。

35

幼儿园 玩教具制作与活动指导

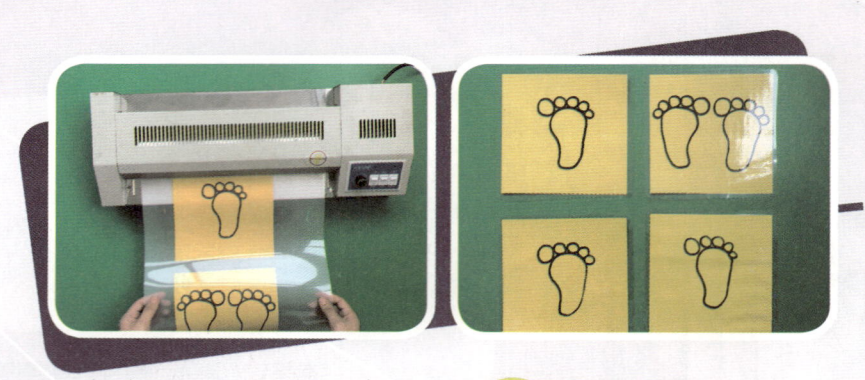

5 把脚印剪下来，塑封好。

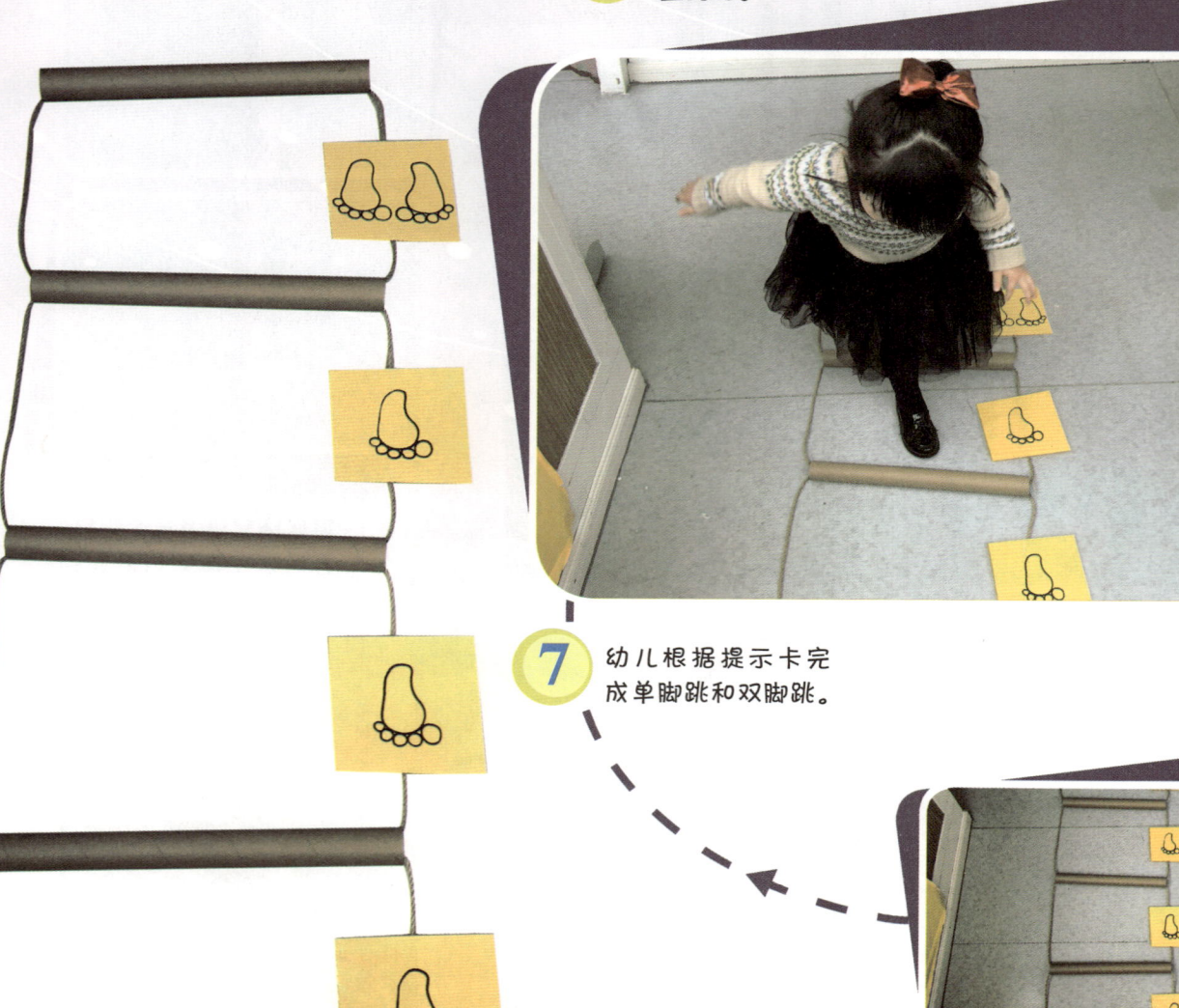

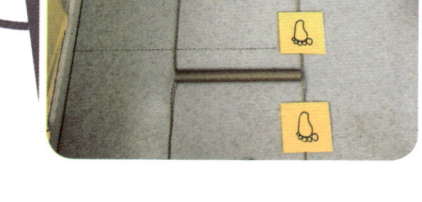

7 幼儿根据提示卡完成单脚跳和双脚跳。

6 将提示卡摆在跳格的旁边。

36

项目 2　健康领域玩教具制作

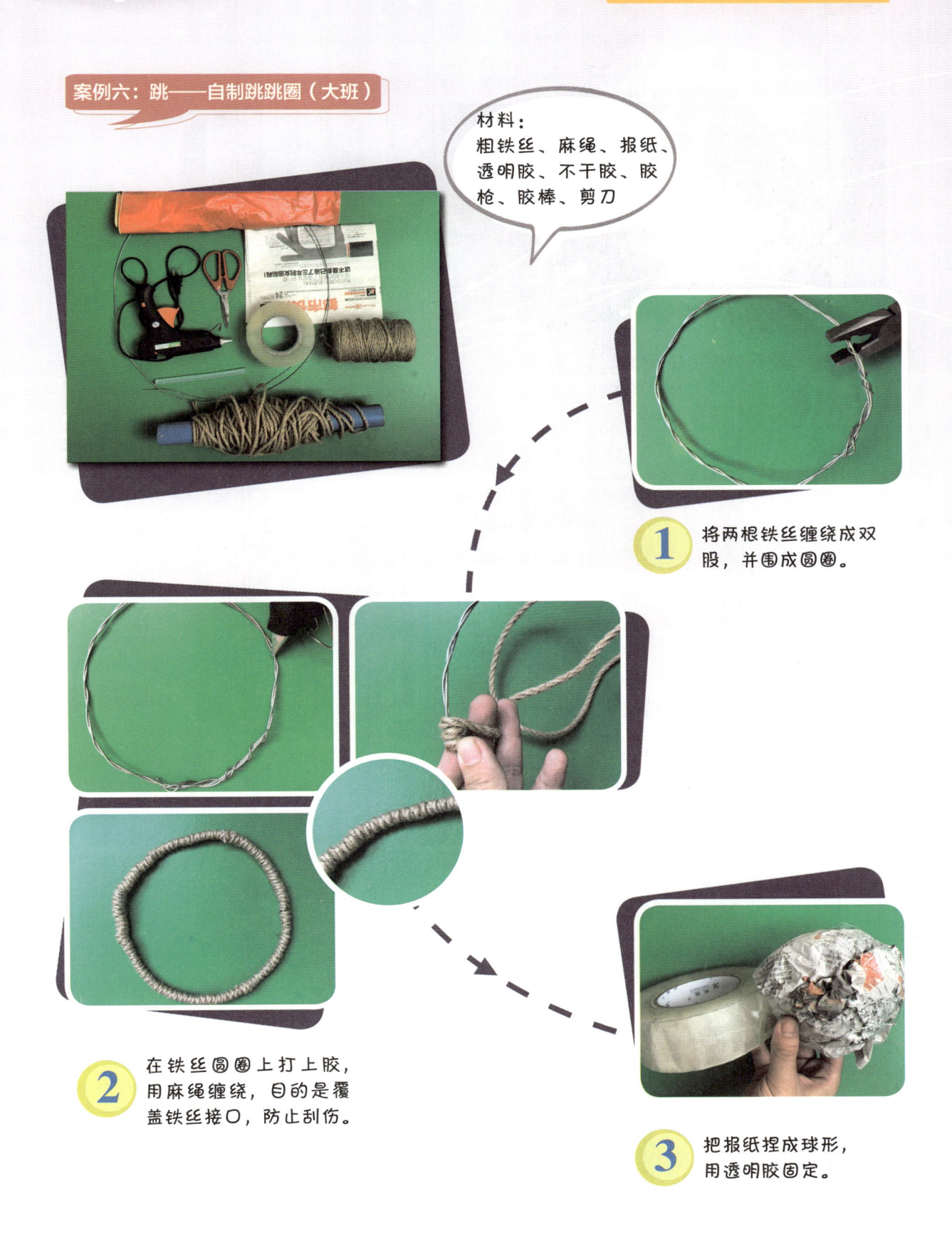

案例六：跳——自制跳跳圈（大班）

材料：粗铁丝、麻绳、报纸、透明胶、不干胶、胶枪、胶棒、剪刀

① 将两根铁丝缠绕成双股，并围成圆圈。

② 在铁丝圆圈上打上胶，用麻绳缠绕，目的是覆盖铁丝接口，防止刮伤。

③ 把报纸捏成球形，用透明胶固定。

37

幼儿园　玩教具制作与活动指导

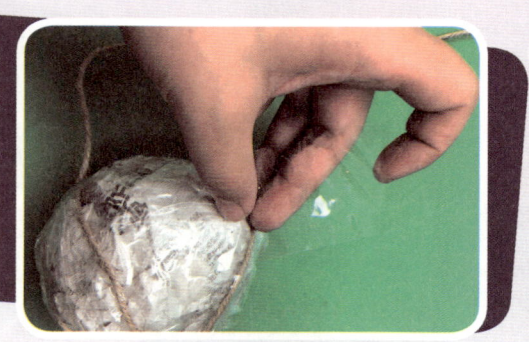

④ 将一根麻绳固定在报纸球上，再次用透明胶固定麻绳，避免使用时滑落。

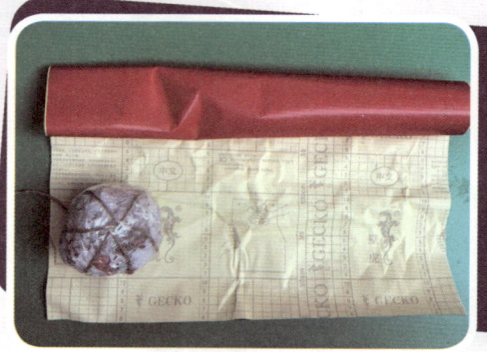

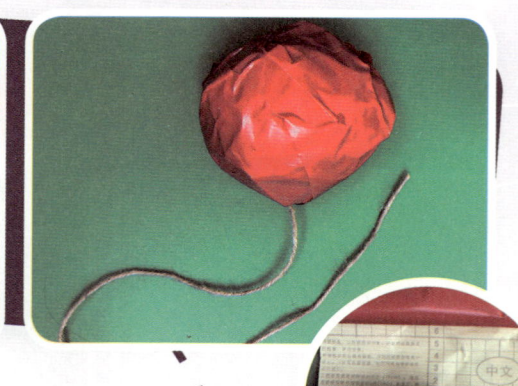

⑤ 用红色不干胶将报纸球包上颜色。

⑥ 将报纸球上的另一头麻绳固定到圆圈上。

38

项目 2　健康领域玩教具制作

案例七：爬——穿越电网（大班）

材料：
小椅子若干、松紧带、铃铛、鱼线、剪刀

1. 将小椅子面对面挨着摆成纵排。

2. 将松紧带固定到一头的椅子靠背上。

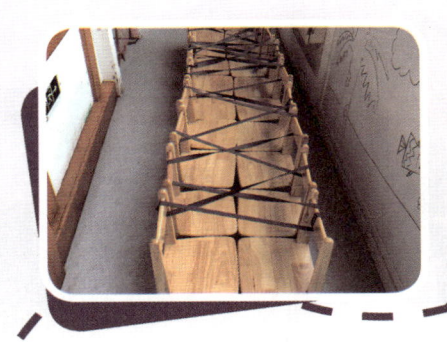

3. 向前依次穿过椅背形成"Z"字形，并在最后一个椅背上固定。

4. 将铃铛用鱼线固定在松紧带上。

39

幼儿园 玩教具制作与活动指导

案例八：钻——纸箱钻钻钻（小班）

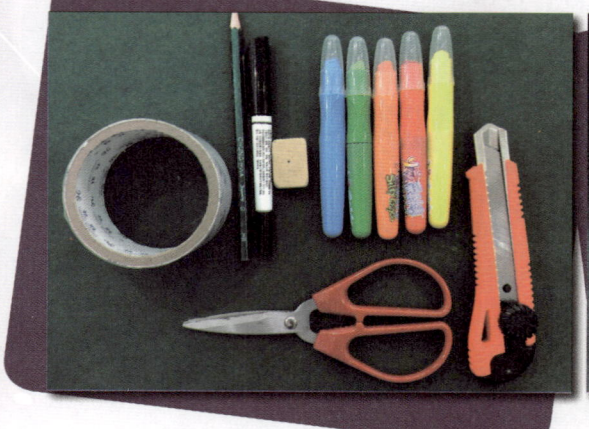

材料：大纸箱、记号笔、画笔、铅笔、橡皮、透明胶、美工刀、剪刀

3 在纸箱通道的两边画上一些大图案。

2 将多个纸箱用胶带连接起来，形成一个通道。

1 将纸箱的面和底拆开，变成两头通的长方体。

4 用美工刀和剪刀将其镂空，增加游戏的趣味性。

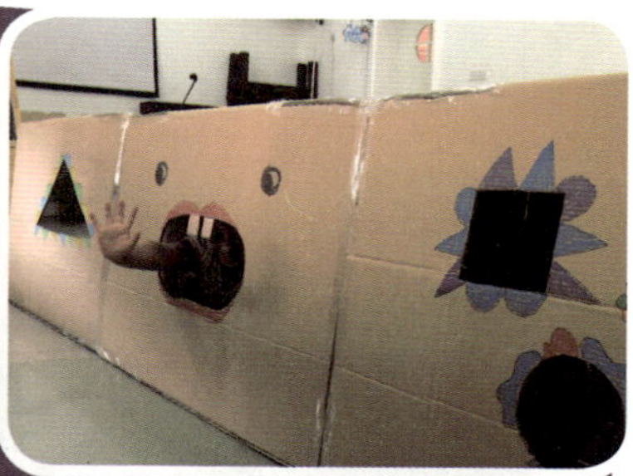

5 在镂空图案的边缘画上颜色，增加美观度。

40

项目 2　健康领域玩教具制作

案例九：投掷——纸箱城堡（中班）

材料：
大纸箱、透明胶、记号笔、画笔、铅笔、橡皮、美工刀、剪刀

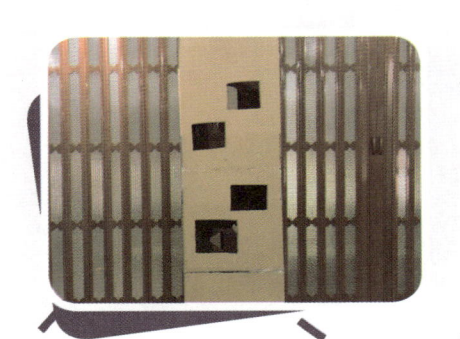

② 在纸箱的侧面画上形状，并镂空。

① 将多个纸箱连接在一起，搭成一个纸箱城堡。

③ 在镂空图案的边缘画上图案，增加趣味性。

④ 用报纸球进行投掷游戏。

41

幼儿园 玩教具制作与活动指导

案例十：协调合作——无敌大纸环（亲子合作）

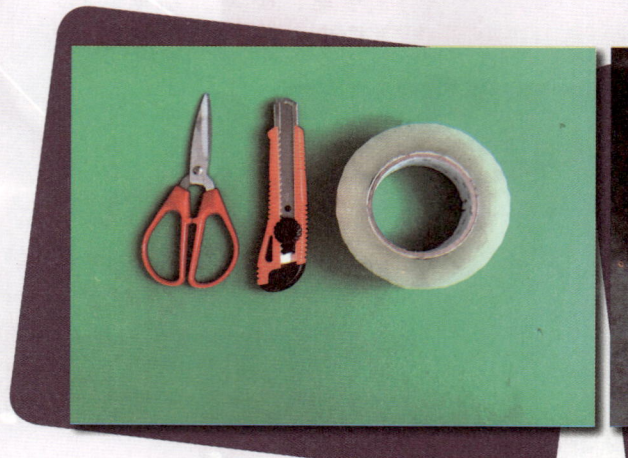

材料：大纸箱、透明胶、颜料、美工刀、剪刀

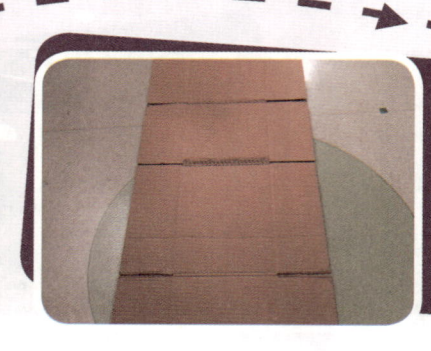

① 将纸箱拆开，变成平面的纸板。

② 将两侧的翻面剪掉，变成长方形的纸板。

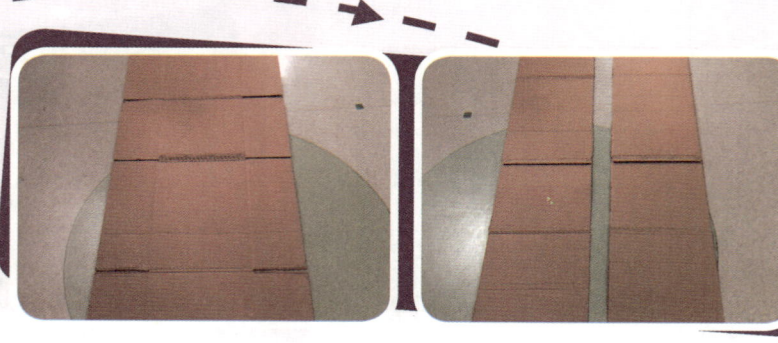

③ 将两个长方形纸板首尾粘合，最后形成一个环形。

④ 将大纸环侧立起来，2~4名幼儿站在大纸环里，合作前进。

幼儿园自制玩教具与儿童健康发展

一、有助于儿童创新意识的培养

教育创新要从幼儿抓起，全面推进素质教育也要从幼儿教育抓起。儿童创造性的灵感和天赋往往是在游戏和活动中发展的。而在儿童的游戏活动中，玩教具是不可缺少的教学资源。在幼儿教育教学过程中，广大教师根据自己对认知规律的把握以及对知识的领会，经过自己的思考创新，亲自动手制作活动玩教具，让自制的玩教具成为知识的载体，是自制玩教具的生命力所在。玩教具虽小，但它是教育思想和教育观念的具体体现，是教师和儿童创造精神的体现，也是幼儿教育教学重要的物质手段和教育资源，对实现教育目标、提高教学质量具有十分重要的作用。

二、有效促进家长参与和家园合作

家长参与和家园合作是提高幼儿园教育质量，促进幼儿身心健康发展的重要条件。幼儿园的自制玩教具活动可以成为家长参与幼儿的学习过程、家园合作的重要途径，对于增加家长参与和家园合作的深度和广度具有重要意义。

（1）有助于家长认识和了解幼儿园教育教学的特点、内容，生动直观地感受到游戏和玩具对于幼儿学习和发展的重要意义，更新教育观念。

（2）家长可以帮助收集自制玩教具的材料、提供设计和制作经验、参与围绕自制玩教具开展的主题活动等，在参与幼儿学习过程的层面上和幼儿园合作，增加家长参与的深度。

（3）有助于家长体验和认识自己的教育责任和能力，唤醒和增强家长作为孩子的第一任老师的角色意识，积极主动地参与到孩子的教育过程中，有益于增进亲子关系以及家长之间的分享和交流。幼儿园自制玩教具活动为家长参与和家园合作创造了便利的条件。

三、儿童在摆弄自制玩教具中获得心理满足

儿童探索世界的欲望强烈，初步萌芽的自我意识使他们乐于动手，什么东西都要尝试着去拆、去砸，在操作中会无形地满足儿童渴望获得成功和得到认可的心理愿望。因此，我们经常会发现，儿童拿着他们喜爱的玩具一玩就是大半天，并且乐此不疲。不同类型的玩具，

可以满足幼儿不同的心理需求。设计奇特、外观有趣的玩具会激起儿童探究的欲望,需要两人共同玩耍的玩具可以满足儿童交往合作的需要,同时提高儿童与他人相处的能力。

四、对儿童情感发展的价值体现

玩具在童年期扮演着"重要角色",它丰富着儿童的记忆,牵动着儿童的情感。幼儿园玩具在儿童情感上的作用主要表现在激发儿童的学习和创造激情上。玩具是孩子游戏和学习的物质基础,孩子常常由玩具引发创造的内容,所以教师必须为幼儿准备好一定量的玩具。小班多提供成品玩具,如娃娃、玩具小锅、小灶、奶瓶等,同类的玩具数量要适当多一点。到了中大班,成品过多会限制幼儿的想象,应多增加半成品和废旧材料,可以使孩子在操作中按自己想象任意创造出自己想要的东西,以鼓励幼儿在游戏中以物代物,发挥他们的自主性和创造性。儿童的好奇心和探索欲强烈,喜欢动手探索事物,可多次使用的绘画板和各种折纸、剪纸、橡胶泥等玩具就是为了满足儿童自我表达的需要和探索的欲望。这类玩具可以促使儿童独立思考,依靠头脑中的想象去制作具体的东西,又通过制作促进思维发展,并有助于良好性格和创造精神的形成。

五、可操作性的玩教具能培养儿童动手动脑的能力

自制玩教具是以儿童需要和兴趣为出发点,让儿童在动手动脑的操作活动中游戏学习。如当教师把制作的"旋转的娃娃"展示在儿童面前时,儿童一下子就喜欢上了它,并想拥有一个这样的娃娃。于是,儿童开始利用果冻盒、一次性筷子和各色彩纸等制作材料自己动手制作。通过参与制作,儿童在操作过程中获得了经验和乐趣,而且激发了创作的兴趣,培养了动手动脑解决问题的能力。

巧运用

小班健康活动:渔夫捕鱼

【活动目标】

1. 锻炼幼儿的反应速度和肢体控制能力。

2. 体验和同伴一起游戏的快乐。

活动准备

空旷的场地、地面画一个大圆圈和一个小圆圈、一个有柄的渔网、音乐。

活动过程

1. 准备活动

带领幼儿到一片宽阔的场地，做一些预备动作。

播放音乐《许多小鱼游来了》，幼儿模仿小鱼游来游去，"上游游，下游游，左游游，右游游，转个圈"。

2. 情境引入

教师："这是一个池塘（地面的大圆圈），小鱼们在里面游来游去，有一天渔夫来了，你们猜渔夫想做什么？"

幼儿："他要捕鱼。"

3. 游戏规则

（1）小鱼们要在"池塘"里游泳，千万不能游到圆圈外面，不然就会渴死。

（2）被渔夫"捕"到的小鱼就要待在小水桶（地面的小圆圈）里面。

4. 游戏体验

（1）根据幼儿人数分组进行游戏，避免人数过多造成拥挤，幼儿进入"池塘"内，渔夫用有柄渔网在池塘周围捕鱼，被渔网套到的小鱼就算被捕走了，进入小圆圈内等待。

（2）在大圆圈内躲闪的小鱼要注意安全，不要故意拥挤，也不能跑到圆圈外面，如果跑到外面就算被捕到了。

5. 放松活动

播放舒缓的音乐，所有被捕到的小鱼坐在地上，渔夫假装"烧鱼"的动作，小鱼们坐在地上摇一摇，放松一下身体。

中班健康活动：时空隧道

活动目标

1. 提高幼儿跑和钻的能力和灵活性。
2. 培养幼儿的团队竞争意识。

活动准备

自制"阶梯形"的绳带，音乐。

活动过程

1. 准备活动

在宽敞的场地上，做准备活动，播放音乐，学外星人做一做运动。

2. 游戏方法

（1）请两名幼儿拉住绳带，垂直固定于自己身体适合的高度（如头上、肩膀上等），底部贴地，也可离地10厘米左右，根据游戏难度决定绳带的位置。

（2）其余幼儿在"时空隧道"的一头排队，得到信号之后第一名幼儿出发，返回后击掌，第二名幼儿接着出发。

3. 游戏体验

幼儿自由体验游戏，掌握钻跑的方法。

4. 游戏比赛

将幼儿分成两组,同时进行游戏,率先完成的一组获胜。同样的方法进行三次,三局两胜,选出最后获胜的小组。

5. 放松活动

幼儿围成圈坐在地上,教师和幼儿一起进行活动评价。

大班健康活动:真人版跳跳棋

‖活动目标‖

1. 通过双脚跳的动作锻炼幼儿腿部肌肉的力量。
2. 在与同伴的对战中体验对抗游戏的刺激和快乐。

‖活动准备‖

红、蓝两色的呼啦圈若干,自制骰子一个,自制纸板营地。

‖活动过程‖

1. 引入部分

(1)幼儿在《可爱颂》的音乐里做起蹲操。

(2)游戏:掷骰子跳跃游戏。幼儿排成一排,依次掷骰子,根据骰子点数跳跃。

2. 游戏部分

（1）教师讲解规则：红蓝两队，每队两人，依次掷骰子。掷到6的队员可以出营地，最先到达总部的队伍获胜。

（2）正式游戏。

（3）提出问题，教师小结，关注双脚跳的动作要领。

（4）重复游戏2~3次。

3. 放松部分

幼儿两两相对，席地而坐，在柔和的钢琴曲中互相按摩对方的腿部。

项目 3 语言领域玩教具制作

学海导航

知识目标 引导幼儿接触优秀的语言领域玩教具，创造一个自由、宽松的语言交往环境，帮助幼儿感受语言的丰富和优美。

技能目标 利用讲故事、绘画、情境表演和其他多种方式，养成幼儿注意倾听的习惯，并引发幼儿对书籍、阅读和书写的兴趣；同时通过多种类别的语言领域玩教具，鼓励幼儿大胆、清楚地表达自己的想法和感受，尝试说明、描述简单的事物或过程，发展语言表达能力和思维能力。

情感目标 幼儿通过语言领域玩教具学会倾听和表达，积极与同伴交流，从而增强自信心和语言表达能力。

模块一　基础知识

一、语言领域玩教具概述

幼儿园语言领域玩教具是以发展幼儿听、说、读、写等语言文字能力为目的的玩教具，它可以培养幼儿对生活中常见的文字符号和简单标记的兴趣，培养前阅读和前书写技能。幼儿园语言领域玩教具从帮助幼儿有礼貌地讲话，到引导幼儿喜欢听故事、看图书，能真实表达自己的情感，并在丰富多彩的活动中扩展幼儿的经验，促进语言能力的发展。

语言领域玩教具可以分为图片型玩教具、玩偶、面具头饰、布艺书和故事围裙等。

1. 图片型玩教具

图片型玩教具，是指常用的挂图，以及以动物、植物、日用品、交通工具等为内容的成套识图卡片、顺序卡片等。这类玩具可以发展幼儿的口语表达能力，帮助幼儿体验生活，开展角色扮演等游戏活动。老师可以将做好的图片过塑，使其可以长久保存。

2. 玩偶

玩偶，是指采用布、线、泥土、木头、塑料等材料制成的卡通或人物形象玩具。常见的玩偶有布绒玩偶、泥塑玩偶、木偶等。布绒玩偶和木偶在幼儿园游戏中最为常见，其次是手偶和指偶。

3. 面具头饰

面具头饰，是指戴在脸上或者是头上的形象玩偶，有平面、半立体和立体三种。幼儿戴上不同的面具或头饰，可以化身勇敢的英雄，也可以变成吓人的怪兽，能满足幼儿喜欢不同角色装扮的需求。

4. 布艺书

布艺书以各种绒布或不织布为主要材料，从幼儿的年龄特点出发，用色彩鲜艳的各种布料剪贴制作不同的形象，展示富有情境性、趣味性的故事情节，让幼儿开展阅读活动，不仅具有教育意义，而且相比容易损坏的纸质绘本，布艺书可以随意拆装，更具有实用性和操作性。

5. 故事围裙

故事围裙是一件绒布围兜，讲述幼儿故事时，随着故事情节推进，可以从故事围裙的口袋里同步展示一些表示重要角色和场景的纸偶，能激发幼儿对故事的新鲜感。游戏中，教师和幼儿不仅可以运用围裙讲述故事，还可以自演自说，一起探究围裙里每一个口袋的秘密。

二、语言领域玩教具制作的教学意义

《幼儿园教育指导纲要（试行）》中指出："语言能力是在运用的过程中发展起来的，发展幼儿语言的关键是创设一个能使他们想说、敢说、喜欢说、有机会说并能得到积极应答的环境。"基于此，幼儿园语言领域玩教具的教学意义在于以下几点。

首先，语言对儿童的心理健康发展、社会性发展、智力发展都有着重要的作用。幼儿园语言领域玩教具可以让幼儿通过动手自制玩教具，促进其语言能力的发展。其次，幼儿园语言领域玩教具能帮助幼儿在进行语言活动时更好地理解和掌握诗歌、故事等内容，提高幼儿的语言表达能力并促进其语言的发展。最后，幼儿园语言领域玩教具是从幼儿的实际接受能力出发而设计的，按照既定教育目的设计和组织起来的，具有相对的系统性和完整性，可以将表演与玩教具结合在游戏中促进幼儿语言发展，开发幼儿的语言能力。

模块二　语言领域玩教具的筛选、运用与指导

一、小班语言领域玩教具的筛选、运用与指导

1. 小班语言领域活动中玩教具的筛选

学龄前儿童年龄小，注意力容易分散，兴趣是最好的老师，只有激发幼儿的兴趣，才能开展好语言活动。在活动中，需要根据幼儿兴趣发展的特点，科学合理地通过色彩丰富、形式多样的玩教具激发幼儿的好奇心和兴趣，使幼儿积极地投入语言活动中，从而发展幼儿的语言能力。

实例链接

故事《拔萝卜》深受幼儿的喜爱。在活动时，口头讲故事已经不能满足幼儿的需要，于是教师提供了头饰，让幼儿自己表演故事。在表演故事的过程中，幼儿积极地用语言和身体动作来理解故事，体验到表演的快乐，对语言活动兴趣高涨。

故事《小猪变干净了》，教师用多块绿色塑料垫子铺设了一大块"草坪"，把娃娃家改造成了小兔的家。活动时，教师请小朋友们贴上小猪胸牌扮演小猪，教师做猪妈妈，请配班老师做小兔。教师先带小猪们在草坪上尽情地打滚玩耍，他们兴高采烈地玩着，并用自己的语言描述愉快的感觉。接着小猪们去邀请小兔子和他们一起玩。他们用自己的语言去邀请小兔，而小兔喜欢和干净的小动物游戏，小猪们就想出了各种办法让自己变干净。在老师创设的环境中，幼儿不断发现问题，解决问题，用语言表达自己的见解。

2. 小班语言领域活动中玩教具的运用与指导

常见的语言领域活动中的玩教具有：大图书、挂图、卡片、头饰、指偶、磁带、录音机等。随着科技的发展，现在常被教师采用的有：多媒体教具，包括幻灯片、实物投影仪、PPT、Flash 动画等。在语言领域活动中偶有使用的有：动物玩具、布袋木偶、打击乐器、小牌子、实物等。具体如表 3-1 所示。

表 3-1 小班语言活动中常见的玩教具及其玩法

游戏名称	发展目标	玩教具材料	玩法
我来买玩具	引导幼儿注意听说游戏的要求，并能在集体面前大胆说话	各类色彩鲜艳的长毛绒玩具、民族娃娃	教师以妈妈的身份，带领幼儿"开车"去玩具店。（掀开遮布）"玩具店到了！"让幼儿观看玩具店里的各种玩具，说出自己喜欢的玩具
散文欣赏《秋叶飘》	理解散文内容，感受秋天落叶飘下的美	挂图	根据挂图，引导幼儿仔细观察图片内容，理解内容并表达自己的看法
水果宝宝	认识水果及水果的颜色	水果实物	教师出示苹果、香蕉、西瓜、葡萄，并引导幼儿说出是什么水果及其颜色
动物朋友	认识动物并表达自己喜欢的动物	动物卡片	教师依次出示动物卡片并引导幼儿说出名称。接下来让幼儿表达自己喜欢的动物
小鸭找朋友	理解《小鸭找朋友》的故事内容，学会用自己的话表达故事内容	《小鸭找朋友》PPT	教师播放 PPT，引导幼儿对画面进行观察，让幼儿根据图片理解故事内容

项目 3　语言领域玩教具制作

要让幼儿真正获得丰富的语言经验，增强理解语言和表述语言的能力，应当在语言教学活动中注重玩教具运用的实效性，小班幼儿对生活中的图片有一定的阅读能力，教师可以通过图片、立体书、玩偶等教具的有效运用，支持、激发、促进和引导幼儿积极参与语言活动，从而提高语言教学的实效性。同时，在语言活动中，对于同一种教具，每次运用和呈现的方法可以灵活多样。

二、中班语言领域玩教具的筛选、运用与指导

1. 中班语言领域活动中玩教具的筛选

中班时期，幼儿处于联合游戏阶段，他们不像小班时那样各玩各的，且情节简单重复的游戏不能满足他们的愿望，需要独立挑战一些有一定难度的游戏。教师应根据中班幼儿的学习特点自制一些玩教具，以满足幼儿自主游戏的需求。

实例链接

随着中班幼儿经验的丰富，他们的探索欲望和动手能力都进一步提高，在各个活动中都表现出强烈的参与愿望。而之前的绘本主要是幼儿园购置的成品绘本，幼儿不能体验到制作绘本过程的乐趣，于是老师开始寻找能够弥补这一缺陷的方法。恰逢秋天，落英缤纷，形状和色彩都十分丰富的树叶给了老师灵感，于是老师决定跟幼儿一同收集落叶制作树叶绘本。跟幼儿商讨过后，幼儿展现出了极大的积极性。师生共同到园内收集丰富多样的树叶，如枫叶、银杏叶、樟树叶……

幼儿根据树叶的形状和颜色将树叶分别作为绘本内容的太阳、灌木丛、云朵、小鸟等背景，教师将结构复杂的动物形象剪裁好，与幼儿一同粘贴，最后教师添加文字，一本形象生动、色彩鲜明的树叶绘本就制作好了。

2. 中班语言领域活动中玩教具的运用与指导

根据语言领域的教育目标，可将中班语言活动中的玩教具大致分为绘本阅读、角色扮演、讲述活动、儿歌表演几类。具体如表 3-2 所示。

表 3-2　中班语言活动中常见的玩教具及其玩法

类别	游戏名称	发展目标	玩教具材料	玩法
绘本阅读	阅读绘本	引发幼儿阅读兴趣，发展幼儿的语言和观察能力	绘本	小组阅读不同类型的绘本，再进行分享
角色扮演	小小烘焙师	增强对社会角色的认知和认同感	烤箱、盘子、蛋糕等	制作蛋糕并销售
	三打白骨精	通过角色模仿，提高幼儿的表现欲望，体验游戏的快乐	服装、面具、九齿钉耙道具等	根据幼儿对故事内容的理解大胆地进行表演
讲述活动	绘画讲述	充分调动幼儿的手、脑、口、眼等器官，使幼儿的想、做、说有机结合	电视机框架、画纸、彩笔等	幼儿自主绘画，将其粘贴于电视机框架上并进行讲述
儿歌表演	秋叶片片	喜欢念儿歌，能用动作表现儿歌内容	儿歌文字图片、钢琴	幼儿能根据儿歌内容进行表演

项目 3 语言领域玩教具制作

中班幼儿已有一定的语言基础和故事积累经验，教师可将故事内容用五彩的绘本、优美的童谣、押韵的诗歌、动听的儿歌等形式呈现出来，还可以加入一些小舞台的语言艺术表演，发展幼儿语言的同时拓展他们的视野，帮助幼儿更好地去理解、感受和表达故事，从而有效地提高幼儿的语言组织和表达能力。

三、大班语言领域玩教具的筛选、运用与指导

1. 大班语言领域活动中玩教具的筛选

大班幼儿处于智力开发和培养的关键时期。教师应当为大班幼儿提供更为新颖和丰富的玩教具，让他们能够自由、自主、合作地进行游戏，在促进其智力提升的同时，发展其社会性。

> **实例链接**
>
> 以南昌某幼儿园大班语言区的皮影《西游记》为例。随着大班幼儿生活经验的丰富，大班幼儿语言游戏主题更加新颖，内容更加丰富，能主动反映多种生活经验和较为复杂的人际关系。大班幼儿处于合作游戏阶段，喜欢和同伴一起游戏，能按照自己的愿望，主动选择并有计划地进行游戏，能独立完成角色分配任务，具有一定的表演意识和表演技巧。
>
> 刘老师为了给幼儿提供更多的游戏材料鼓励和支持他们进行语言游戏的多样化探索，利用皮影作为语言区供幼儿进行表演的道具。新颖的皮影极大地激发了幼儿的表演兴趣。
>
> 孙悟空、猪八戒、唐僧、沙和尚等角色活灵活现，幼儿可以通过语言、语气、语调、动作、故事情节来反映和塑造不同角色的性格。

2. 大班语言领域活动中玩教具的运用与指导

大班语言活动中玩教具的运用与指导如表 3-3 所示。

表 3-3 大班语言领域常见的玩教具及其玩法

类别	游戏名称	发展目标	玩教具材料	玩法
看图书	阅读童谣	幼儿能专注地阅读图书，对图书和生活情境的文字符号感兴趣，知道文字表示一定的意义	儿童文学作品	在相对安静的地方，提供童谣、故事和诗歌等不同体裁的文学作品
讲故事	讲故事	能有序、连贯、清楚地讲述一个故事，讲述时能使用常见的形容词、同义词等，语言比较生动	绘本、动画片等	鼓励和支持幼儿与同伴一起玩耍、交谈，相互讲述看过的图书或动画片
讲故事	角色扮演	能结合情境理解一些语言相对复杂的句子，并能理清思路且清晰地说出来	角色服装、头饰、布置场景的道具	根据故事情境，激发幼儿表演兴趣，鼓励幼儿进行表演
编故事	编故事	能根据故事的部分情节或图书画面的线索猜想故事情节的发展，创编故事	故事书	根据不同的画面创编故事情节，讲给小伙伴听
巧绘画	绘画	愿意用图画和符号表现事物或故事，绘画时姿势正确	画纸、彩笔	鼓励幼儿将自己感兴趣的故事画下来

大班幼儿处于语言开发和培养的关键时期，大班语言领域玩教具要照顾到幼儿阅读和书写的需求。教师可在字卡、图卡等游戏过程中渗透前书写的学习准备，让幼儿加深对汉字的了解。教师可以充分利用电子产品，不仅能将一些汉字小故事、成语故事等生动地呈现给幼儿，而且通过电子设备给幼儿讲故事、听儿歌，也能很好地提高幼儿对语言及文字的兴趣。

项目 3 语言领域玩教具制作

模块三 对点案例

案例一：说相反布艺书（图片型教具）

　　布艺，即布上的艺术。布艺在中国古代就已经广泛使用，并且成为中国古代民间艺术中的一颗璀璨之星。而今布艺的发展呈现欣欣向荣之势，在幼儿园中也有它的身影。布艺书相比纸质书来说更具实用性，并且幼儿教师也可以通过布艺书的制作来锻炼幼儿的实践操作能力。

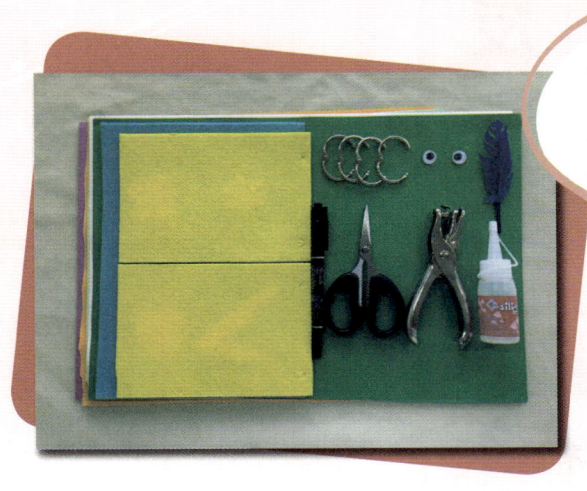

准备材料：
海绵纸、卡纸、可拆卸卡环、塑料眼珠、马克笔、剪刀、打孔钳、酒精胶等

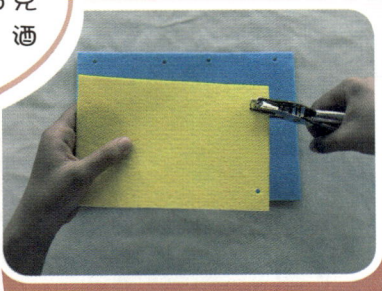

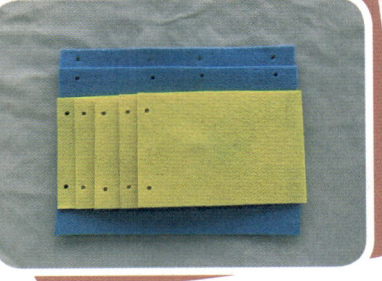

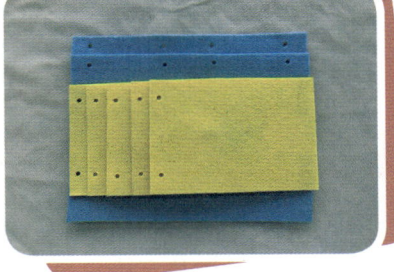

① 用打孔钳在海绵纸上打孔。

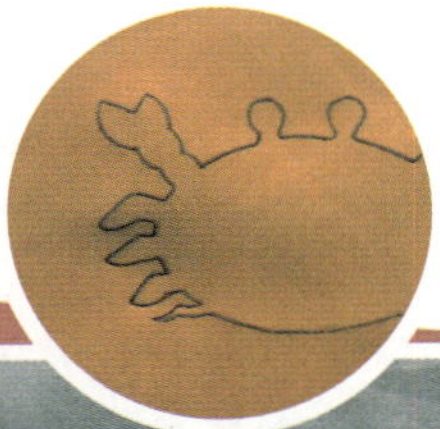

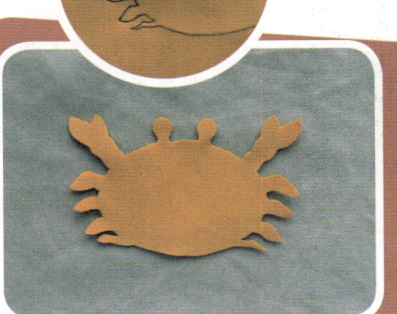

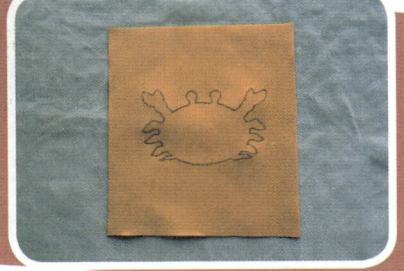

② 在海绵纸上画出螃蟹的形状，并剪下。

③ 用同样的方法剪下其余的图形。

57

幼儿园　玩教具制作与活动指导

④ 剪好后进行重叠粘贴。

⑤ 在海绵纸上写下"说相反"三个字并剪下。

⑥ 用酒精胶把螃蟹和剪下的字粘贴在一张不织布上。

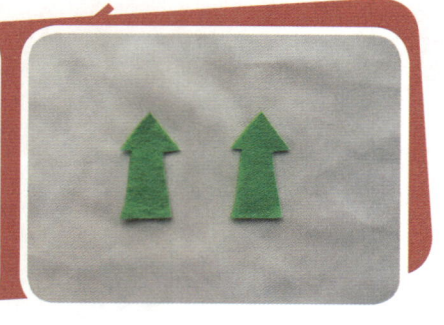

⑦ 用马克笔在海绵纸上画出两个箭头，并剪下。

⑧ 用马克笔在卡纸上写出"左右"，并剪下。

58

项目 3　语言领域玩教具制作

9　用酒精胶把向左的箭头和左字粘在一张不织布上；把向右的箭头和右字粘在另一张不织布上。

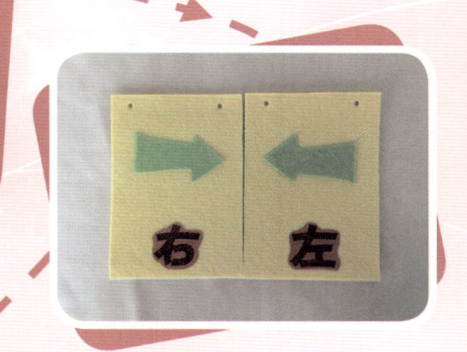

10　粘好后如图。

11　用同样的方法剪下并粘贴好其余的图形。

12　将图形用卡环固定好，说相反布艺书就完成了。

59

幼儿园 玩教具制作与活动指导

案例二：思维猴紧急电话认知（图片型教具）

准备材料：
不织布三张、包边布、网格纱布、打印卡片、麻绳、橡皮、活动眼睛、针线、铅笔、剪刀、热熔棒、热熔枪

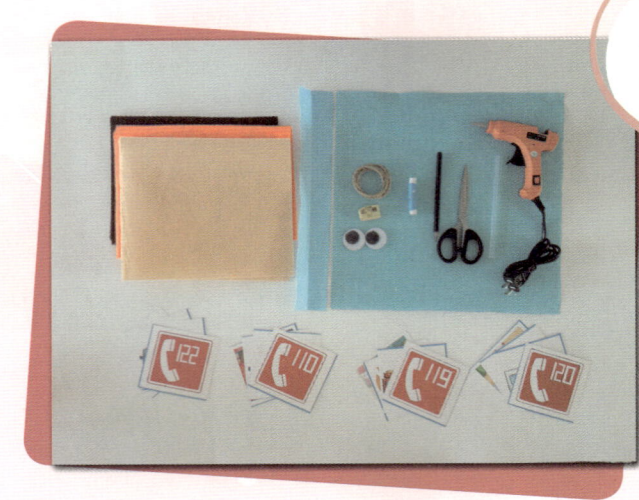

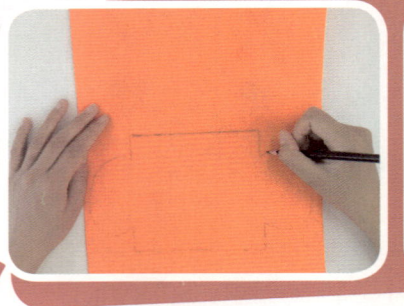

① 在不织布上画出思维猴的头部，用剪刀沿着画线将头部剪下来。

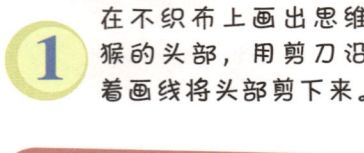

② 在不织布上画出思维猴的脸部和耳朵，用剪刀沿着画线将脸部和耳朵剪下来。

③ 用同样的方法剪下思维猴的鼻子。

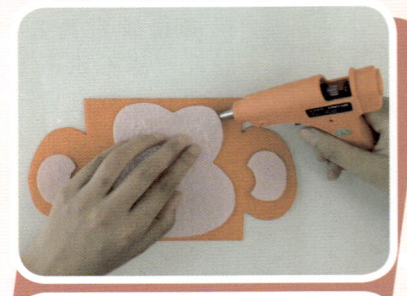

④ 用热熔枪将思维猴的脸部和耳朵粘贴在头部。

60

项目 3　语言领域玩教具制作

5 用热熔枪将思维猴的鼻子和眼睛粘贴在脸部。

6 剪取一截麻绳，用热熔枪粘贴在头部上方左右两侧。

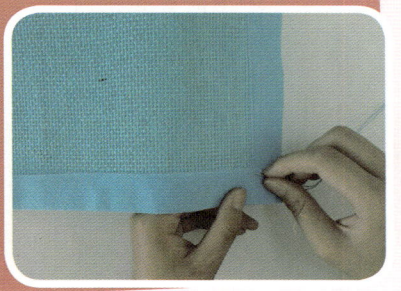

8 用针线将包边布缝在网格纱布四周。

7 粘上麻绳后如图所示。

9 缝好后如图所示。

10 将思维猴头部粘贴在网格纱布上。

11 配上各类打印卡片，有趣的思维猴就完成了。

61

幼儿园 玩教具制作与活动指导

案例三：巧老虎（手偶）

手偶是一种起源于 17 世纪，主要在福建泉州、漳州、广东潮汕地区与台湾等地流传的一种用布偶来表演的地方戏剧。其操作方式是将手伸进里面，最大的特点就是头部、四肢和嘴巴可以靠手掌、手指来活动，手偶对小朋友通常有极大的吸引力。

准备材料：
剪刀、尺子、棉花、针线、笔、鼻子、布料

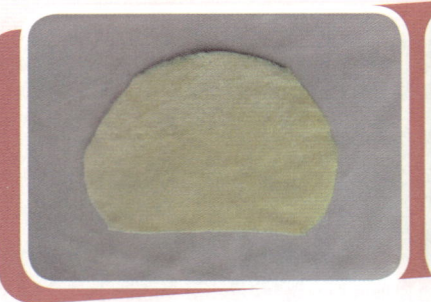

① 先在黄色布料上画出老虎的头，在白色布料上画出老虎的嘴巴。

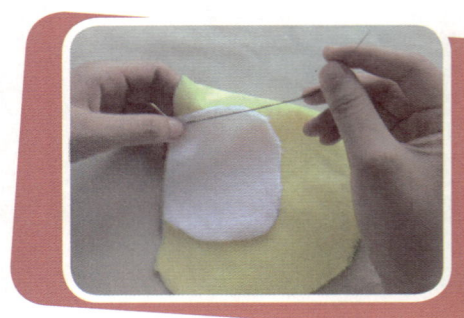

② 画好后将其剪下来。

③ 用针线将嘴巴缝在头上，找到鼻子的位置戳一个小洞。

项目 3 语言领域玩教具制作

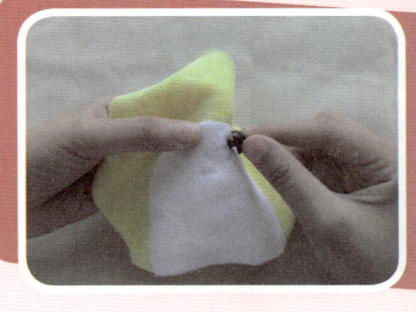

4 将鼻子镶嵌进去，再用黑色针线缝出耳朵、眼睛、胡须、嘴巴。

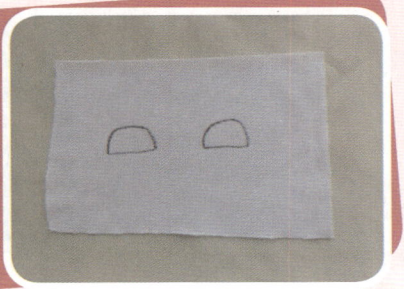

6 画出小老虎的背面和耳朵。

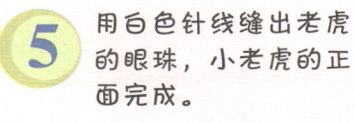

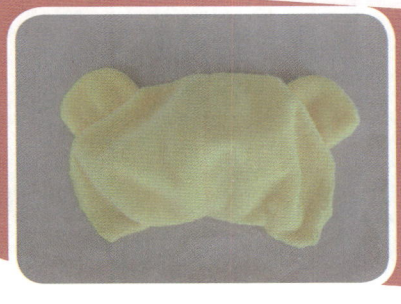

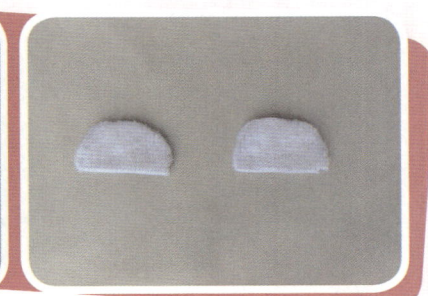

5 用白色针线缝出老虎的眼珠，小老虎的正面完成。

7 画好之后，将其剪下。

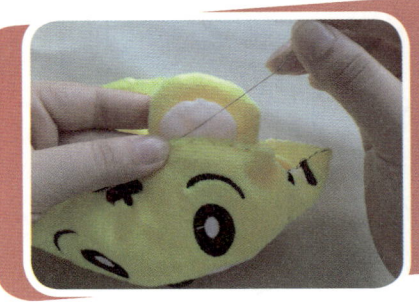

8 将白色耳朵缝好，再将正反面缝在一起，拿出事先准备好的棉花。

63

幼儿园　玩教具制作与活动指导

9 将棉花塞入老虎头中，老虎头便做好了。

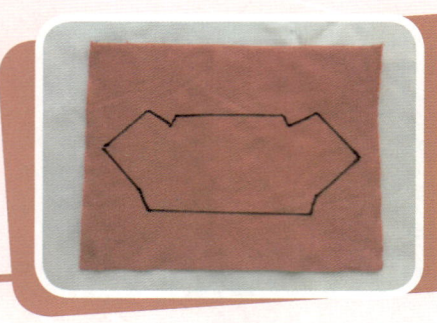

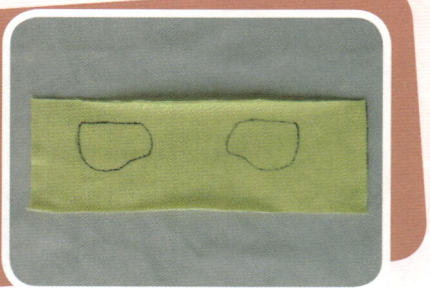

10 画出老虎衣服和手掌的图案。

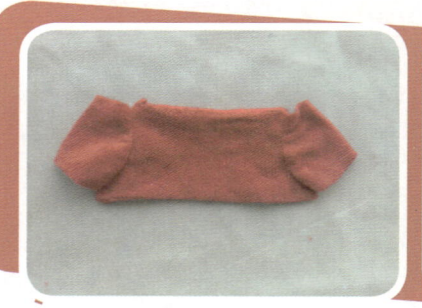

11 画好之后，将其剪下。

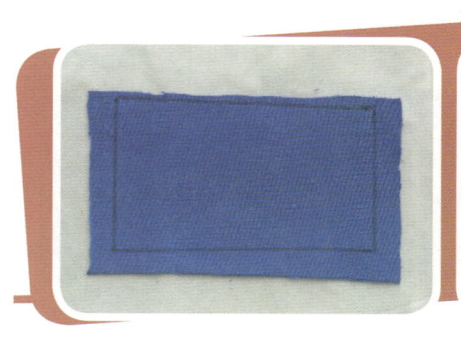

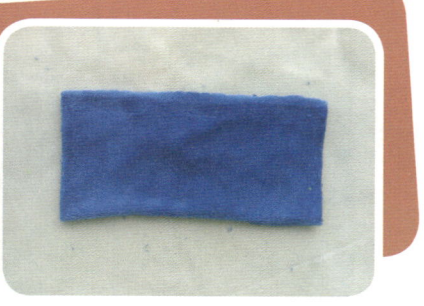

12 画好老虎的衣服，将其剪下。

64

项目 3 语言领域玩教具制作

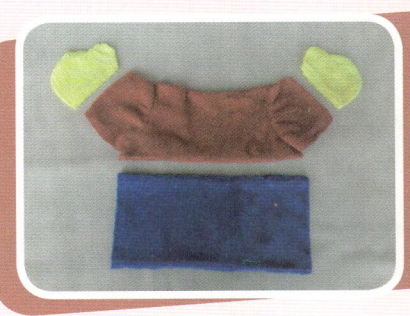

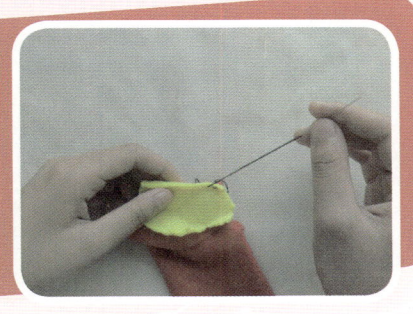

13 将刚刚剪好的布料缝在一起。

14 这样,小老虎衣服的背面就完成了。

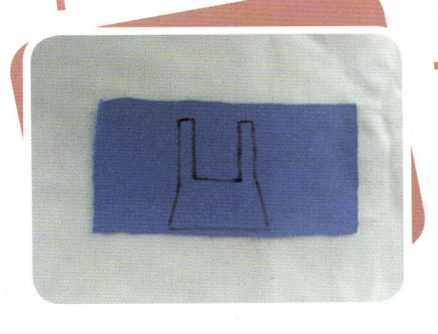

15 重复之前的步骤,将小老虎的衣服画好再剪下。

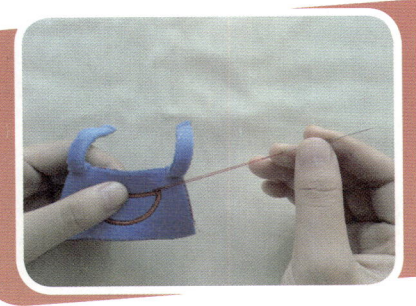

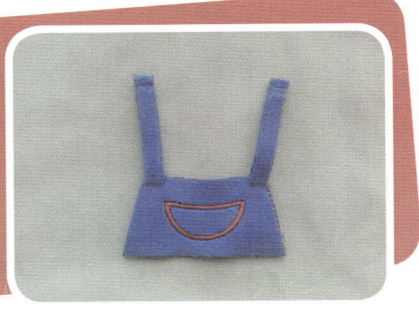

16 用红线将衣服图案缝出来。

65

幼儿园 玩教具制作与活动指导

17 像之前一样，将各部分剪好后拼接。

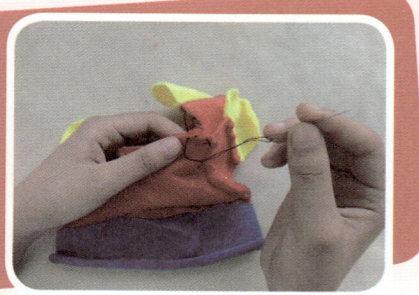

18 将正反两面缝合好。

19 将小老虎的衣服和小老虎的头缝好，老虎手偶就完成了。

66

项目 3　语言领域玩教具制作

案例四：西游记人物（手指纸偶）

手偶从材质上分，有布料的、木制的、搪胶的、毛绒的；从款式上分，有人物手偶、动物手偶、卡通手偶、动漫手偶。而手指纸偶指的就是用纸做的手偶，取材方便，操作简单。

准备材料：各色卡纸、剪刀、双面胶、铅笔、直尺、胶水、橡皮

1. 以唐僧为例，先在白色卡纸上描绘出唐僧的整体轮廓。
2. 用剪刀把唐僧的轮廓裁剪出来。 
3. 在红色卡纸上绘出唐僧的袈裟和毗卢帽。 
4. 用剪刀裁剪帽子和袈裟。 
5. 在黄色卡纸上绘出禅杖，唐僧的其他部位以此类推。 
6. 分别绘出并剪出唐僧的其他部位。 

67

幼儿园　玩教具制作与活动指导

9 做出完整的唐僧。

8 将唐僧的各个部位用双面胶固定。

7 使用双面胶粘在唐僧袈裟的背面。

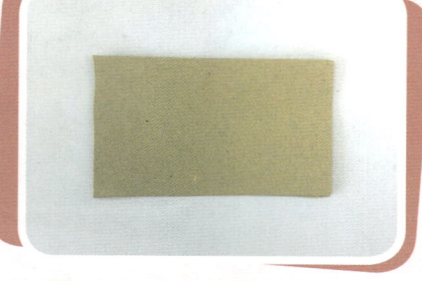

10 再找一张卡其色卡纸，使其长度卷起来能环绕一根手指，宽度不超过一个手指的高度。

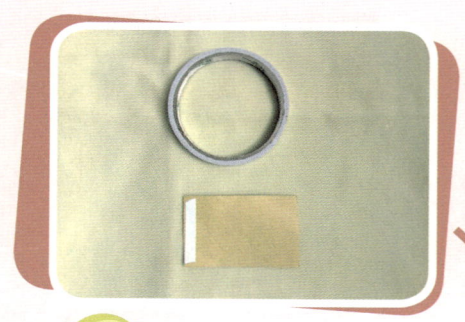

11 再把双面胶粘上去。

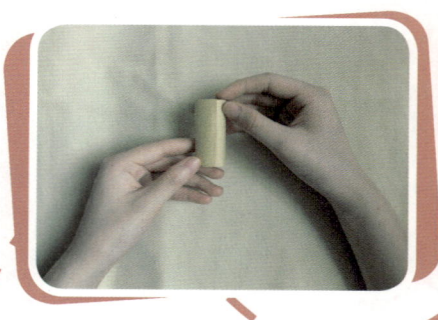

14 围成一个环。

13 撕掉双面胶白色部分。

12 将卡纸卷起来，围成一个环。

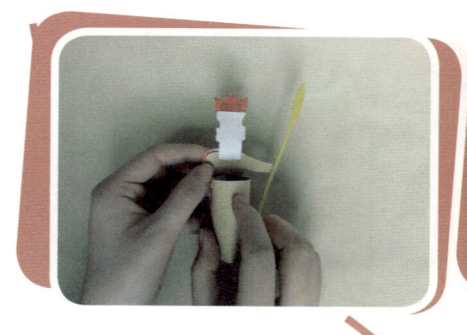

15 把环和唐僧粘起来。

16 唐僧纸偶就做好了。

17 作品展示。

68

项目 3 语言领域玩教具制作

案例五：手指玩偶——长颈鹿（不织布手工）

不织布手工，就是用不织布制作的手工。不织布手工产量高、成本低、用途多，深受手工爱好者喜爱。

什么是不织布呢？不织布也叫无纺布，因为它是一种不需要纺纱织布而形成的织物，只是将纺织短纤维或者长丝进行定向或随机撑列，形成纤网结构，然后采用机械、热粘或化学等方法加固而成。简单地讲就是：它不是由一根一根的纱线交织、编结在一起的，而是将纤维直接通过物理的方法粘合在一起。非织造布突破了传统的纺织原理，并具有工艺流程短、成本低、用途广、剪切容易等特点，是比较理想的一种手工材料。

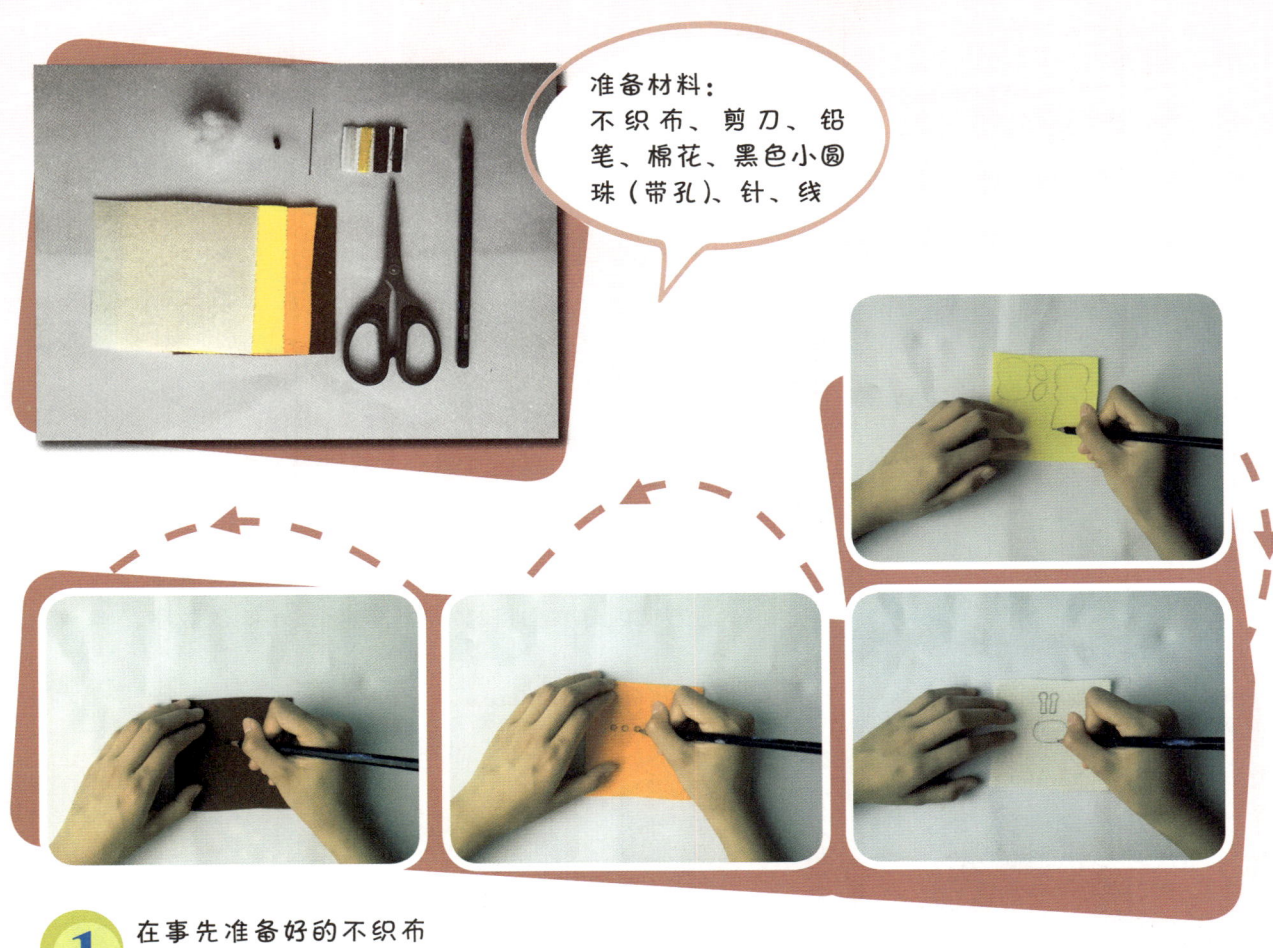

准备材料：
不织布、剪刀、铅笔、棉花、黑色小圆珠（带孔）、针、线

① 在事先准备好的不织布上画出长颈鹿身体各个部分的轮廓。

69

幼儿园　玩教具制作与活动指导

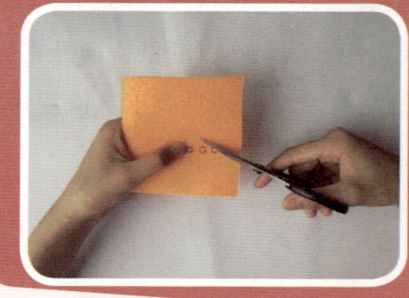

② 将画好的长颈鹿身体的各个部分用剪刀沿轮廓剪下来。

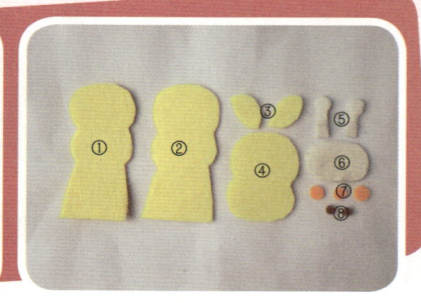

③ 剪好后的长颈鹿身体总共有八个部分，为了方便区分我们将这八个部分标上1~8的数字。

④ 将图中的①④两个部分用黄线沿边缘缝合，并只缝合三边（留下一边填充棉花后缝合）。

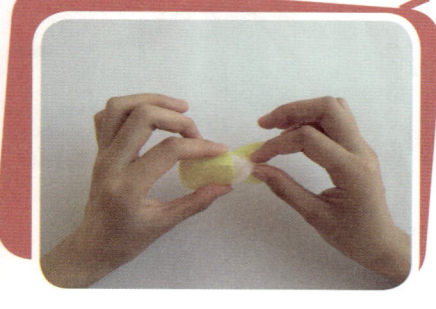

⑤ 缝合好后将事前准备好的棉花塞入。

⑥ 塞入棉花之后将剩下的一边也沿边缘缝合好。

项目 3 语言领域玩教具制作

7 将图中的③⑤⑥⑦⑧五个部分以及事先准备好的两颗黑色小圆珠按照图的摆放方式缝合。

8 完成上一步之后，将图中的第②部分与长颈鹿的背面沿边缘缝合。

9 这样，好玩又有趣的长颈鹿手指玩偶就做好啦。

71

幼儿园 玩教具制作与活动指导

案例六：超轻黏土指偶——圣诞节（黏土手工）

指偶手工是一种专为孩子们设计的非常有趣的手工形式。指偶手工制作能使孩子的手、眼、脑得到很好的锻炼，完成后不仅能做指偶游戏，还可以作为小摆件来美化孩子们的书桌。超轻黏土指偶就是利用不同颜色的黏土，捏出各种有趣造型的指偶。

在十分有趣的制作过程中，孩子手、眼的协调性和准确性得到训练，空间方位知觉，以及观察力、想象力、综合概括能力、创造力等多方面能力获得发展。

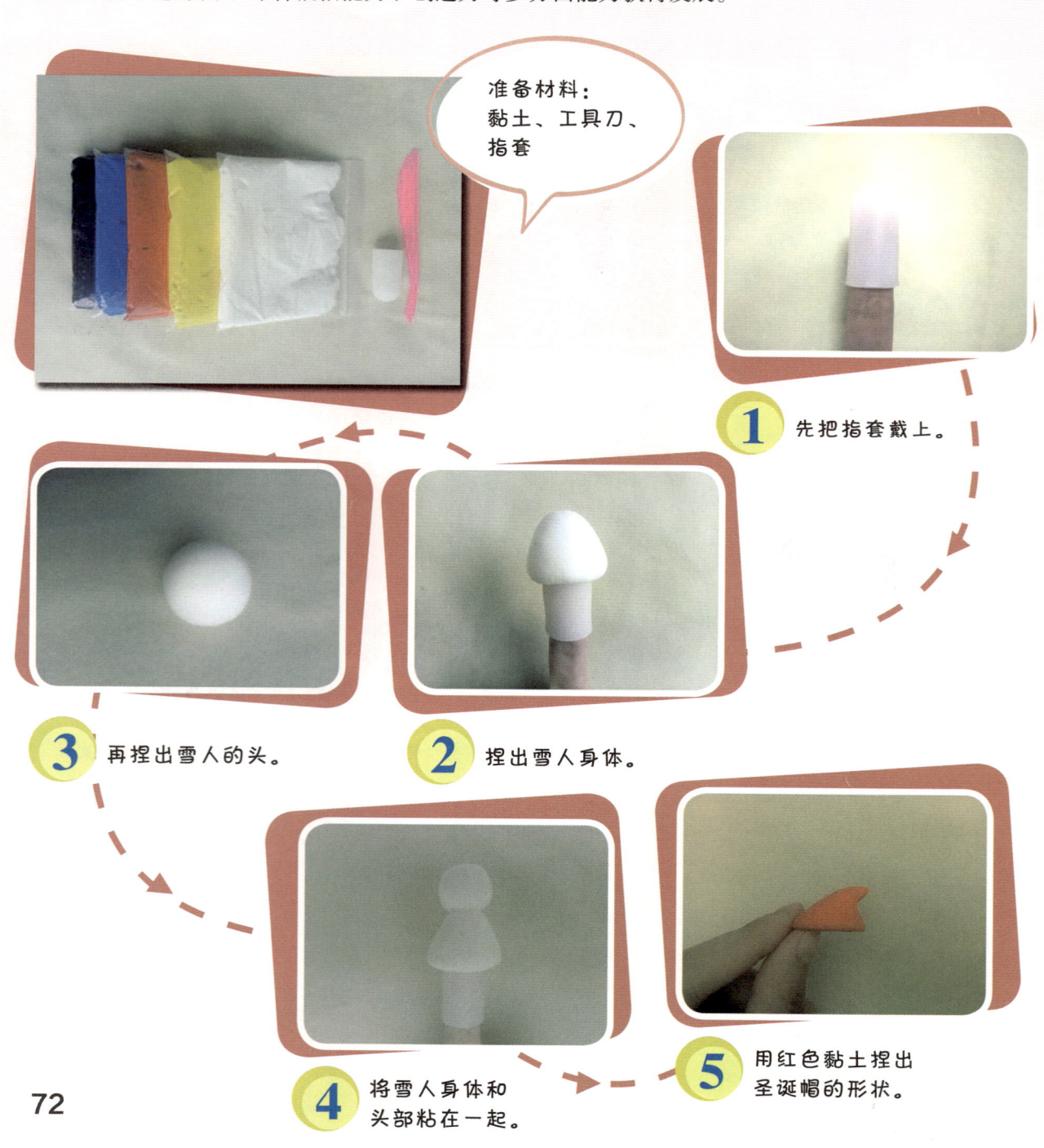

准备材料：黏土、工具刀、指套

1. 先把指套戴上。
2. 捏出雪人身体。
3. 再捏出雪人的头。
4. 将雪人身体和头部粘在一起。
5. 用红色黏土捏出圣诞帽的形状。

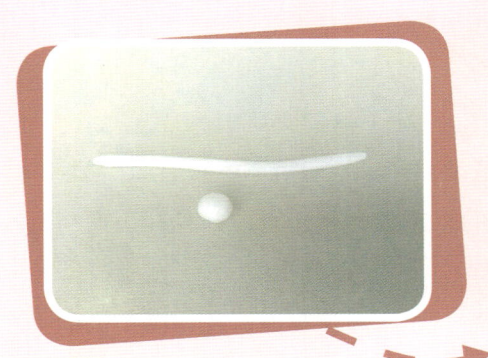

项目 3 语言领域玩教具制作

6 捏出帽子的毛边和毛球。

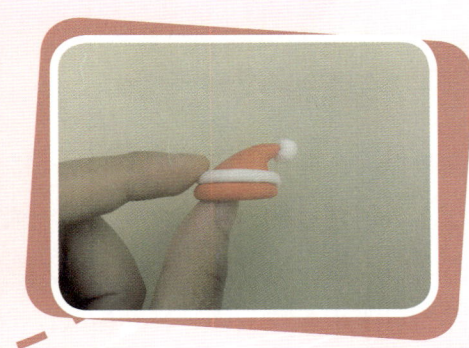

7 将毛边和毛球粘在帽子上。

8 捏出雪人的五官和身上的纽扣。

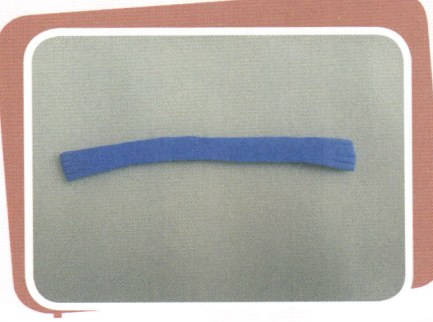

9 用蓝色的黏土捏出围巾的形状，用工具刀刻出花纹。

10 将雪人的帽子和纽扣、五官、围巾等依次粘在雪人的身体上，一个可爱的雪人指偶就完成了。

11 其余指偶用同样方法做即可，这样圣诞节主题指偶就做好了。

73

案例七：半立体额顶头饰——熊猫（文娱头饰）

文娱头饰是一种佩戴在头上具有象征性的装饰物，其造型多样，色彩靓丽，极具吸引力。它的制作巧妙地利用了各种材料，同时也充分发挥了个人的想象力和创造力，并且其用途与设计都与生活密切联系，因此是一种非常受欢迎的饰物。

文娱头饰的主要类型有平面额顶头饰、半立体额顶头饰、立体额顶头饰。这三种头饰的区别在于空间层次结构不同。平面额顶头饰是在平面的一张纸上绘图完成。半立体额顶头饰强调头饰形象的半立体状态，通常会在动物的鼻梁处进行浅切割再折叠，而且头饰没有完全封闭。立体额顶头饰就是将头饰完全封闭，在对折好的卡纸上画出动物基本形象，并对画好的动物形象进行裁剪，最后将各个零部件进行粘贴。

准备材料：卡纸、尺子、美工刀、铅笔、橡皮、剪刀、酒精胶、皮筋

1 取一张黑色的长方形卡纸，画上熊猫的轮廓，用铅笔勾勒线条，再将其剪下来。

2 将熊猫的眼睛、眼珠、眉毛、耳朵、嘴巴和脚掌等在卡纸（可选取不同颜色卡纸）上画出来，并剪下来。

项目 3 语言领域玩教具制作

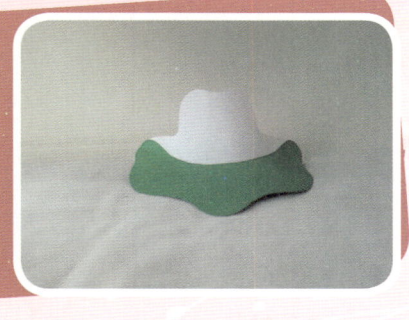

③ 取一张绿色卡纸，在卡纸上画出中间较突出的月亮形状，再取一张白色卡纸，在卡纸上画出明显的帽子形状，分别剪下来并用酒精胶粘合在一起。

④ 将所有头饰元素用酒精胶全部粘贴组合在一起，在绿色底物的两端用美工刀刻出两个小圆圈，用准备好的皮筋连接。这样，一个生动的熊猫半立体额顶头饰就完成了。

75

幼儿园 玩教具制作与活动指导

案例八：立体额顶头饰——小黄鸡

动物头饰和植物头饰在幼儿角色扮演中最为常见，我们以小鸡头饰为例，介绍动物头饰的做法。

准备材料：尺子、卡纸、白胶、剪刀、记号笔、水笔

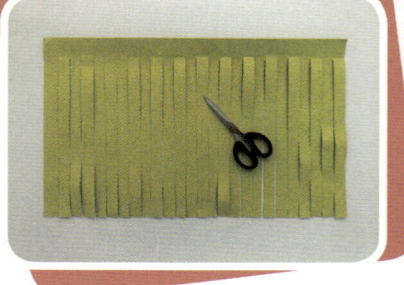

① 用尺子量出等距离的点并用笔标上记号，用剪刀剪出均匀等距的纸条，相邻间隔1厘米，注意顶部不要剪并且留有2厘米的空隙。

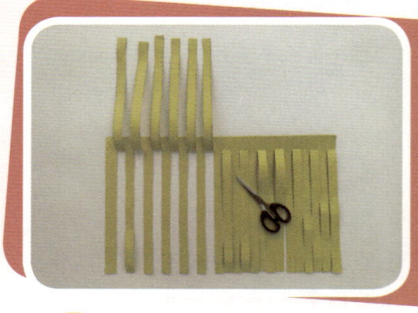

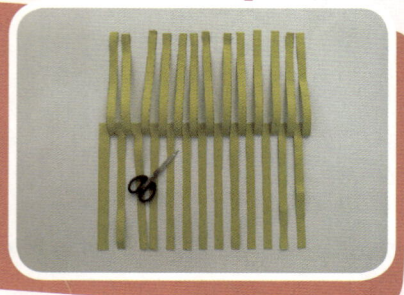

② 把偶数条纸条往上翻。

③ 把没有上翻的奇数条纸条用剪刀剪掉。

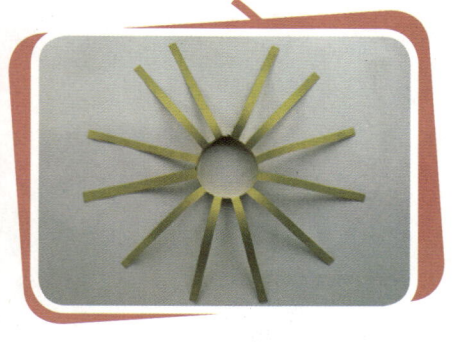

④ 把纸条横着的一端用白胶粘起来，其余纸条外翻。

76

项目 3 语言领域玩教具制作

5 把外翻的纸条粘在对面圆圈的边缘上，交叉粘贴。

6 粘贴成如图所示的立体形状。

7 准备好剪刀和笔。

8 在白纸上画两个圆并剪下来。

9 用记号笔画出小鸡的眼珠。

77

幼儿园　玩教具制作与活动指导

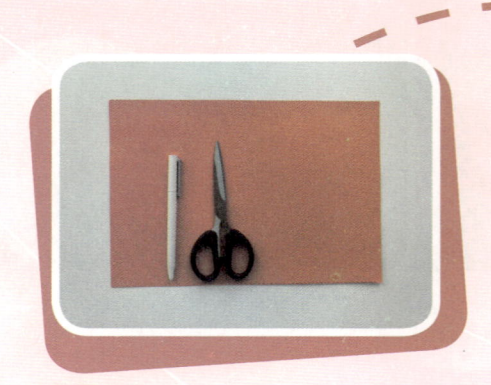

⑩ 准备水笔和剪刀。

⑪ 在卡纸上画出两个三角形，中间画一个长方形并剪下来。

⑫ 将小黄鸡所有的部件组装粘贴好。

⑬ 美丽的小黄鸡头饰就完成啦。

78

项目 3 语言领域玩教具制作

案例九：布艺书——一年四季

中国古代的民间布艺主要用于服装、鞋帽、背包、玩具和香袋、扇带、荷包、手帕等小件的装饰中，是一种以布为原料，集民间剪纸、刺绣工艺为一体的综合艺术。到了现代，布艺更多的是指以布为主料，经过艺术加工，达到一定的艺术效果，满足人们生活需求的手工制品。而在幼儿园，布艺书也已经成为既能满足教学又非常受幼儿喜欢的玩教具。

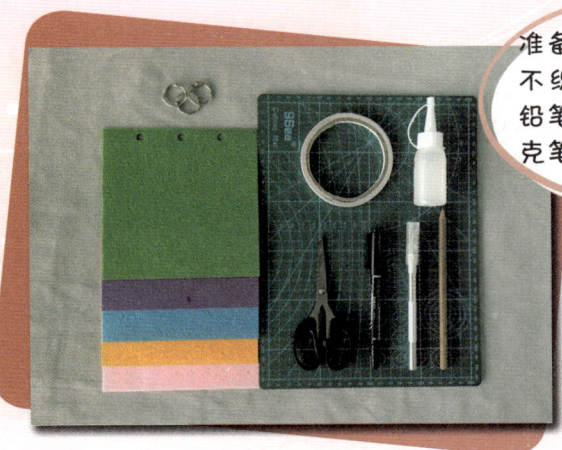

准备材料：
不织布、卡环、剪刀、铅笔、刻板、刻刀、马克笔、双面胶、胶水

1. 取一张不织布，用铅笔在左侧画三个相同大小的小圆，间隔要等长。

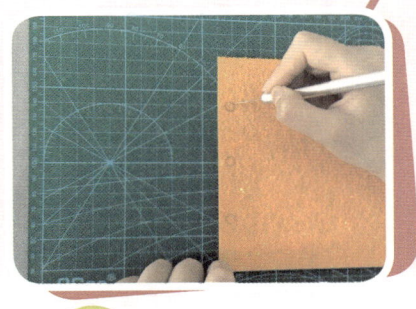

2. 取刻刀和刻板，刻画小圆。

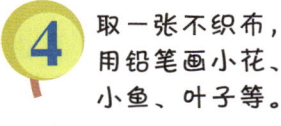

3. 刻好后如图所示。

4. 取一张不织布，用铅笔画小花、小鱼、叶子等。

5. 用剪刀把它们剪下来。

6. 剪好后如图所示。

79

幼儿园　玩教具制作与活动指导

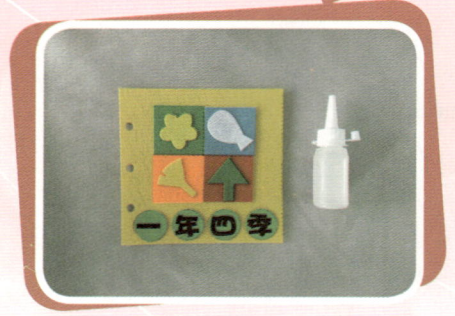

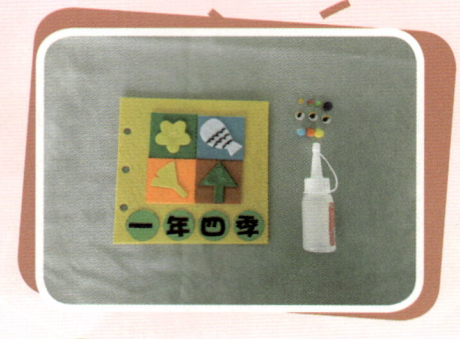

7　用胶水把它们贴在一张完整的不织布上，贴好后如图所示。

8　给小鱼、小叶子等贴上小眼睛。

9　贴好后如图所示。

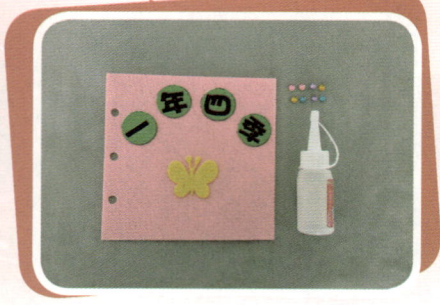

12　粘好后如图所示。

11　给蝴蝶粘上钻。

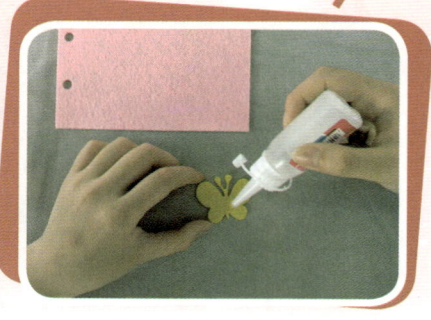

10　制作第一张"春天"，把小蝴蝶贴在无纺布上。

13　其他几张以此类推，完成后如图所示。

14　拿三个卡环，穿进之前刻的三个洞里。

80

项目 3 语言领域玩教具制作

案例十：故事围裙——小马过河

故事围裙是用不织布制作成的围兜。教师复述课程单元故事时，按照故事情节发展，展示一些表示重要角色和场景的玩偶。以故事围裙作为道具的教学方法丰富有趣，能很好地吸引儿童注意力，新颖独特的教学方法亦能极大提高教师教学质量。

故事围裙形式多样，有口袋式、粘贴式等。

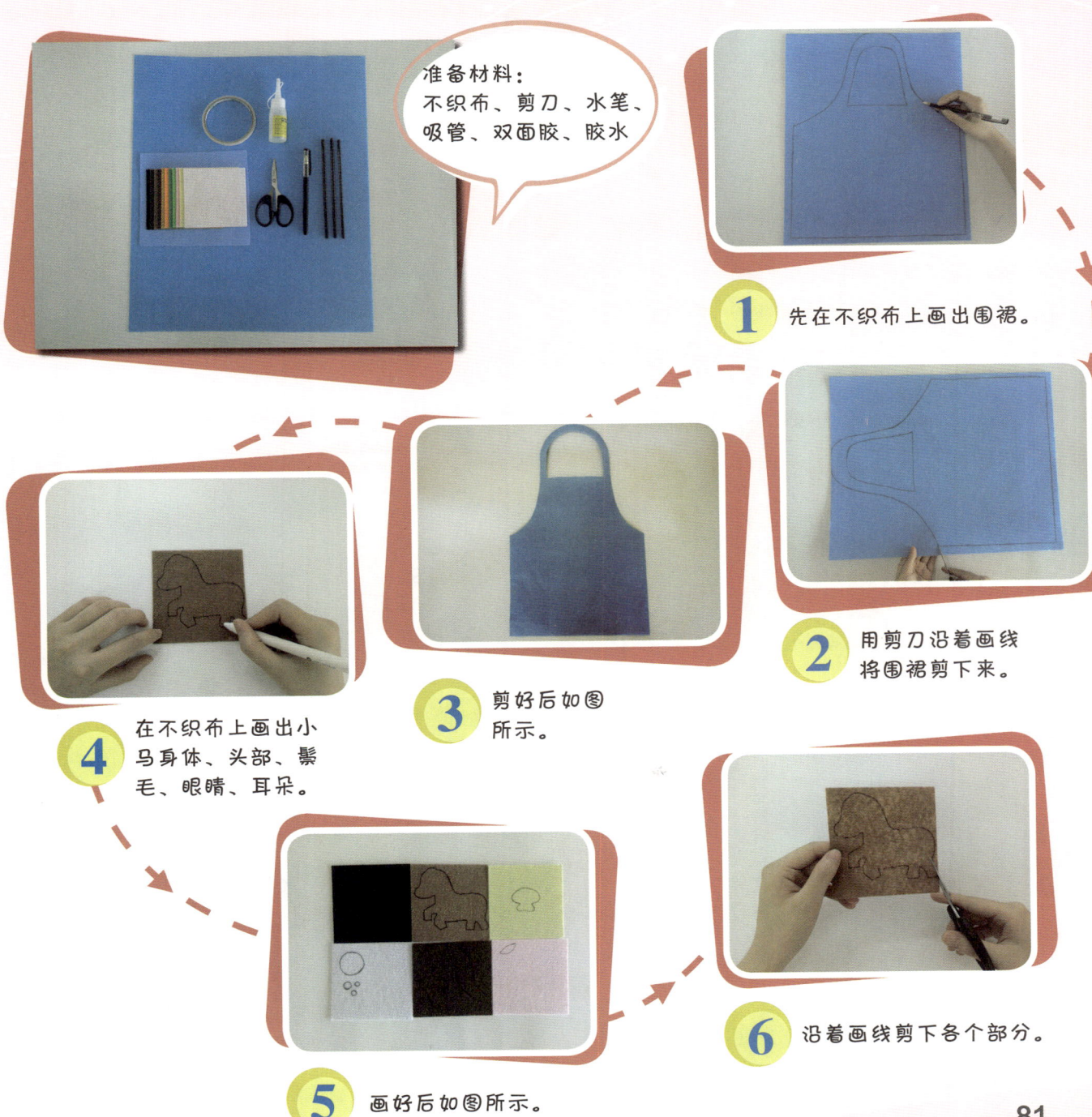

准备材料：不织布、剪刀、水笔、吸管、双面胶、胶水

1. 先在不织布上画出围裙。
2. 用剪刀沿着画线将围裙剪下来。
3. 剪好后如图所示。
4. 在不织布上画出小马身体、头部、鬃毛、眼睛、耳朵。
5. 画好后如图所示。
6. 沿着画线剪下各个部分。

81

幼儿园 玩教具制作与活动指导

7 剪好后如图所示。

8 将小马各个零件用胶水组合粘好。

10 将吸管一端粘好双面胶撕下。

9 组合后如图所示。

11 将吸管一端与小马背面粘好。

12 粘好后如图所示。

13 同小马的制作步骤，制作松鼠、牛。

项目 3　语言领域玩教具制作

14　将围裙所需背景各零件在不织布上画好剪下。

15　制作口袋，在不织布上粘好双面胶。

16　粘好，如图所示。

17　将口袋贴在围裙适当位置。

18　将围裙背景各零件用双面胶组织起来。

19　最后，漂亮的《小马过河》故事围裙就完成了。

83

星期八小镇

简介

星期八小镇是国内首家儿童社会角色体验中心，针对3~13岁的儿童提供一系列逼真的社会场景和职业角色扮演。2009年年末，星期八小镇正式被中国科协评为"全国科普教育基地"。

开发目的

模仿是孩子们的天性，已有的生活经验是他们建立游戏兴趣的最根本基础，观察与模仿大人是他们了解社会的第一步。星期八小镇旨在提升儿童动手、团队合作、与他人相处和战胜挫折四种"关键能力"，为成长加油！

详细介绍

星期八小镇如同真实社会般存在着各行各业，可为孩子提供8大领域、50类行业的70多种社会角色扮演内容，孩子可以自由选择喜爱的角色亲自体验。大部分的体验场馆均有专属的角色服装，让孩子完整体验相关职业的工作流程。部分职业装更是直接翻版主题馆赞助商的职业制服，如飞机机长服、消防员服等，第一时间帮助孩子进入工作角色。为了培养孩子的独立性，同时保证体验过程不受干扰，大部分主题馆是大人无法陪同进入的。大人可以通过主题馆的玻璃墙观看孩子们的体验过程，也可以在主题馆外的公共区域休息。

星期八小镇主张让孩子尝尝做大人的滋味，父母们更多的时候扮演着观众的角色，安静地在一旁看着自己孩子的"成长"。电视台、航空公司等少数项目提供亲子互动环节，由父母或师长扮演观众与乘客，孩子们扮演主持人和乘务员，在情景互动中充分激发孩子们的表演欲。为了能让大人们放心，特地引进最新安全科技，贴心地提供群组配对机制，让同一群组的家族或班级可以配对成一组，同进同出的安全管制，有效管理孩子们的进出安全。

地址分布

星期八小镇已在广州、上海、武汉、荆州、济南、临沂、厦门、南昌、成都等地建有儿童情景体验基地，方便各地幼儿去游玩。

小班语言活动：拔萝卜

活动目标

1. 通过游戏，熟悉故事内容、乐曲旋律。
2. 掌握角色名称并创编角色动作。
3. 学习在游戏中关心同伴，感受与同伴合作的快乐。

活动准备

情境表演《拔萝卜》，各种表演道具。

活动过程

1. 熟悉《拔萝卜》歌曲

幼："哎～来了～来了～"

师生一起边做拔萝卜的动作边唱"拔萝卜、拔萝卜……"

2. 练习《拔萝卜》对话，明确角色

请幼儿扮演老公公、老婆婆，请一个女孩当小妹妹，练习对话和表演。

3. 哥哥姐姐表演，幼儿配音

师："小朋友们都学会了对话，那么我们来请哥哥、姐姐表演，我们当配音演员好吗？最后拔萝卜时，我们站起来，在位子边一起帮忙拔萝卜，看谁拔得最用力。"

4. 结束：激发幼儿高兴的情感

师："大萝卜拔出来了，你们高兴吗？"

幼："萝卜拔出来了，萝卜拔出来了！"

师："那该怎么样表演，让人家一看就知道你是最高兴的呢？"

（让幼儿边讨论边做动作，包括拍手、跺脚、跳跃、脸上笑嘻嘻……）

师："让我们用最高兴的动作告诉别人，大萝卜拔出来了，好吗？"

（幼儿一起高兴地说一遍）

师："小朋友快来，我们一起把大萝卜抬回家。"（幼儿一起做抬大萝卜的动作，一边听音乐边按节拍走动）

中班语言活动：尾巴歌

活动目标

1. 观察图片中不同动物之间尾巴的区别，帮助理解童谣的内容。
2. 根据问题与图片提供的线索，学习童谣，拓展经验。
3. 积极地与同伴合作进行问答游戏。

活动准备

《尾巴歌》课件。

活动过程

1. 激发活动兴趣

出示第一组图片（鸭子、公鸡、松鼠）让幼儿观察。

指导语：你们看，谁来了？

2. 观察尾巴的特征，学习第一段童谣

（1）观察这三种动物尾巴的特征。

指导语：它们的尾巴是什么样子的？

（2）根据老师的提问完整回答。

指导语：什么尾巴扁？什么尾巴弯？什么尾巴好像一把伞？

（3）带领幼儿完整朗诵童谣第一段。

3. 幼儿理解内容、拓展经验后，迁移第一段的经验，创编第二段童谣

（1）观察第二组动物图片（猴子、兔子、孔雀），了解尾巴的特点。

指导语：它们的尾巴是什么样的？

（2）自由创编童谣第二段。

（3）集体交流。

4. 用多种形式完整朗诵问答式童谣，感受问答式童谣的特点

指导语：这首童谣还可以怎么念？（分组问答等）

5. 拓展经验，激发幼儿进一步的创编愿望

指导语：除了问小动物的尾巴，还可以问什么呢？

附《尾巴歌》：

尾巴歌

什么尾巴扁？

什么尾巴弯？

什么尾巴好像一把伞？

鸭子尾巴扁，

公鸡尾巴弯，

松鼠的尾巴好像一把伞。

什么尾巴长？

什么尾巴短？

什么尾巴好像一把扇？

猴子尾巴长，

兔子尾巴短，

孔雀的尾巴好像一把扇。

大班语言活动：《三只小猪》

活动目标

1. 通过游戏，让幼儿感受乐曲欢快、诙谐的情绪。
2. 通过创编搭建不同房子的动作，让幼儿在表演中进一步感受不同材料房子的稳固性。
3. 让幼儿主动参与创编游戏活动，体验合作的快乐。
4. 让幼儿尝试叙述故事，发展幼儿的语言能力。
5. 鼓励幼儿大胆表述自己的见解。

活动准备

1. 录音机、《三只小猪》乐曲。
2. 三只小猪头饰，并做好草房子、木头房子、砖房子等头饰道具，供幼儿游戏时使用。

活动过程

1. 幼儿听音乐，自然进入活动室。
2. 欣赏音乐《三只小猪》。
3. 组织幼儿观看情景表演。

教师根据音乐的节奏和情绪进行表演，表现出小猪盖房子时的情形。

4. 幼儿尝试戴头饰创编故事并表演《三只小猪》。
5. 表演游戏。
6. 活动结束。

师："小猪盖房子累了，我们休息吧。"小猪伴着舒缓的音乐渐渐睡去。

项目 4 社会领域玩教具制作

学海导航

- **知识目标** 引导幼儿理解并遵守日常生活中基本的社会行为规则，懂得做一个品行良好的小公民。
- **技能目标** 通过多种类别社会领域玩教具的制作与教学，引导幼儿形成良好的生活习惯。
- **情感目标** 幼儿乐意与人交往，喜欢学习互助、愿意合作和分享，富有同情心，不怕困难，有初步的责任感。

模块一 基础知识

一、社会领域玩教具概述

《幼儿园教育指导纲要（试行）》中指出："社会领域的教育具有潜移默化的特点。"人际交往和社会适应是幼儿社会学习的主要内容，也是其社会性发展的基本途径。社会性是指个体在社会生活中所表现出来的心理和行为特征，如自信心、同情心、社会行为规则、责任感、价值观等。幼儿园社会领域的玩教具制作能够帮助幼儿促进其社会性发展，锻炼幼儿社会交往能力。

幼儿园社会领域的玩教具主要分为生活习惯养成类、角色认知类、传统民俗类等。

1. 生活习惯养成类

生活习惯养成类的玩教具帮助刚入园的幼儿获得基本的生理技能，如夹夹子、穿衣服、系扣子、系鞋带、认识五官等；到中大班就可以锻炼幼儿手部的精细动作，如编制花篮、编制麻花辫等。

2. 角色认知类

角色认知类的玩教具是指创造一个微缩型的社会环境，通过社会场景的布置、社会工具的增设帮助幼儿了解一些基本的社会常识以及公共设施，如电话玩具、认识时钟，或者通过参加"蛋糕店的甜品制作""小小烧烤店"等习得相关的社会经验。同时，还有助于同伴之间的交流合作。

3. 传统民俗类

传统民俗类玩教具是指从古代流传下来的手工制作玩具，俗称"耍货"。社会领域玩教具主要是将传统民俗元素融进幼儿生活，让幼儿建立起基本的民俗概念，如舞龙，"二月二龙抬头"。中国传统玩具在漫长的历史岁月中，形成了丰富多彩的品类和独具特色的地方风格，并一直伴随着人们的成长。时至今日，虽然许多玩具已改头换面，但其中的内涵及先人的智慧却仍长存其中。

二、社会领域玩教具制作的教学意义

社会领域教育不是封闭的，它总是要借助一些内容、手段和方式，而这些内容、手段和方式往往与其他领域有着联系。如《幼儿园教育指导纲要（试行）》中提出幼儿园要引导幼儿参加各种集体活动，体验与教师、同伴等共同生活的乐趣，帮助他们正确认识自己和他人，养成对他人、社会亲近、合作的态度，学习初步的人际交往技能；为每个幼儿提供表现自己长处和获得成功的机会，增强其自尊心和自信心……

通过社会领域玩教具的制作和游戏，可以发展幼儿各方面的能力。例如生活技能的训练——小班夹夹子的操作，孩子通过给小狮子"长鬃毛"的方式，将一个个小夹子依次排好夹在画好的"狮子脸上"，锻炼幼儿手指力度；促进同伴之间的口语表达、社会情感交往，如在玩具"手偶剧场"中，幼儿通过小舞台展示的方式，进行手偶表演，塑造自己的人物形象，可以复述自己学过的故事进行表演，也可以自己当小导演创造性表演，这样既培养了幼儿的语言思维，锻炼了幼儿的口语表达能力，也更好地促进了幼儿社会性交往的发展。

社会领域的玩教具制作，能够促进幼儿主动学习，激起幼儿学习的欲望并使其产生积极、愉快的情绪。在自制玩教具中，幼儿体验着学习与游戏的乐趣，体验了成功的喜悦，增强了自信心。

模块二　语言领域玩教具的筛选、运用与指导

一、社会领域活动中玩教具的筛选

社会领域的教学不应局限在室内，应该给幼儿提供真实的环境，去认识自然，认识人们

项目 4 社会领域玩教具制作

的劳动，体验人和人之间的关系等，观察不同岗位的人是怎样工作的，让幼儿了解不同工作的辛劳，培养热爱劳动、尊重他人劳动成果的优良品质。

我们在选择玩教具时，应该充分考虑社会生活现实。社会生活现实是幼儿社会性发展的基础，幼儿通过现实生活和表象来设计认知，发展社会情感，完善社会行为。幼儿园社会领域课程包含人、社会、文化三个方面，社会生活是这一门课程存在的根基。对幼儿来说，社会生活现实是使社会教育课程中的学科知识具有可接受性的重要条件。因而，社会生活现实又成为学科知识选择的一个重要依据。

实例链接

有一位小朋友名字叫赵小明，说话轻声细语的，不爱参加集体活动。区角活动时，其他小朋友都选择了自己喜欢的区角，他就站那不动，老师过去问他，他才说很想加入"儿童医院"这个区域，他爸爸妈妈是医生，他长大也想当医生。但是，他不敢跟其他小朋友说，也很害怕被拒绝。

分析与措施：

分析： 人际交往和社会适应是幼儿社会学习的主要内容，也是其社会性发展的基本途径。幼儿在与成人和同伴交往的过程中，不仅学习如何与成人友好相处，还在学习如何看待自己、对待他人，不断发展适应社会生活的能力，建立良好的亲子关系、师生关系和同伴关系；在积极健康的人际关系中获得安全感和责任感，发展自信和自尊；在良好社会环境及文化的熏陶中学会遵守规则，形成基本的认同感和归属感。

措施：《3—6岁儿童学习与发展指南》的教育建议中指出，应"主动亲近和关心幼儿，经常和他一起游戏或活动，让幼儿感受到与成人交往的快乐；创造交往的机会，让幼儿体会交往的乐趣"。因此老师以一位患者的身份请求路人帮忙，请该小朋友带自己去医院，后来有别的小朋友说"需要医生"，小明顺势进入了角色当中。针对小明的表现，我们可以知道孩子的内心世界其实是小心翼翼的，因为不曾主动也不敢主动走进群体，建议利用走亲戚、到朋友家做客或有客人来访的时机，鼓励幼儿与他人接触交谈；鼓励幼儿参与同伴的游戏，邀请小朋友到家里玩，感受有小朋友一起玩的快乐。

二、社会领域活动中玩教具的运用与指导

在社会领域，应当努力创设一种民主、积极的气氛和情境，以多种方式引导幼儿认识、体验，并理解社会行为规则，培养他们正确认识自己，养成对他人、对社会的亲近及合作态

度。教师可以带领幼儿走出幼儿园，到学校、医院、消防队、邮局等部门参观访谈，孩子们根据亲身体验进行模拟游戏，自然地投入社会角色，学习与人交往。在游戏中，他们无拘无束地交流，发挥聪明智慧，体验成功的喜悦，增强自尊和自信。

幼儿园社会领域教育是以发展幼儿的情感和社会性为目标，以增进幼儿的社会认知，激发幼儿的情感，培养幼儿的社会行为为主要内容的教育，其实质是做人的教育、人格的教育。现代意义上的幼儿园社会教育的形成和发展有一个历史过程，是伴随着我国幼儿园教育的诞生和发展而逐步发展起来的。

1. 小班社会领域活动中玩教具的运用与指导

小班社会领域活动中玩教具的运用具体见表 4-1。

表 4-1 小班社会活动常见玩教具及其玩法

类别	游戏名称	发展目标	玩教具材料	玩法
生活	小动物喂食	训练幼儿的手眼协调能力	3~4 个动物头饰，若干小纸团、小勺子	创编小动物饿了的故事，幼儿用勺子对动物进行喂食
	糖果送给好朋友	训练手指小肌肉力量，掌握卷的技能，锻炼手指的精细动作	泡沫、包装纸	用包装纸包好泡沫，送给自己的好朋友
精细动作及生活技能	穿鞋带	锻炼幼儿的动手能力及手指的精细动作，掌握"穿"的能力	鞋子若干、绳子若干	幼儿用绳子穿带，可交叉可横穿
	扣扣子	培养幼儿的动手能力，掌握生活技能	用绒布制作的"大树"和"苹果"，大树上面缝上扣子	幼儿给大树扣苹果，能够扣上取下即可
自理能力	叠衣服	培养幼儿生活自理方面的能力	各类衣服、裤子、袜子	幼儿自由按要求折叠衣物

项目 4 社会领域玩教具制作

小班幼儿年龄尚小，进入幼儿园的第一阶段主要是培养其生活自理能力，如穿脱衣物、扣扣子、穿鞋带、系鞋带、拉拉链、自己吃饭等。因此在玩教具的制作与选择上，应当更加注重培养孩子的生活自理能力，抓住这个培养目标提供给孩子适当的玩教具，实现"寓教于乐"的教育目标。

2. 中班社会领域活动中玩教具的运用与指导

中班社会领域活动中玩教具的运用具体见表 4-2。

表 4-2 中班社会活动常见玩教具及其玩法

类别	游戏名称	发展目标	玩教具材料	玩法
手指精细动作	编织	培养幼儿的动手能力	泡沫纸条、编织的泡沫纸图形	幼儿可以根据自己喜爱的颜色，编织不同颜色的花篮
	穿珠子	训练幼儿手指的灵活性	各类形状、颜色的小珠子，细绳	幼儿根据自己的设计，制作手链或者项链作为送给朋友或者长辈的礼物
生活技能	幼儿厨房	提高幼儿的生活能力和动手能力，培养幼儿爱劳动的好习惯	各类蔬菜、水果、厨房工具	幼儿化身小厨师，自己选择食材，模仿大人在家是如何做饭的
口语表达	森林历险记	培养幼儿的语言表达能力	动物指偶若干个	幼儿选择自己喜欢的指偶，与同伴创造情境，进行简单的情景对话
社会交往	时尚发屋	能根据实际生活，进行小小理发师的角色扮演游戏	剪发工具套装	根据生活经验，和同伴一同进行理发店游戏

93

中班幼儿手指的精细动作能力有了进一步的提高，因此投入的玩教具可以适当增加难度。中班时期的幼儿对生活中的很多事情开始建立个体联系，因此会开始给自己建立角色概念，比如说成为一名理发师或者当一个小演员、一名小厨师等。这一时期老师会发现幼儿有说不完的话，告不完的状。因为幼儿此时正处于一个语言发展的关键期，他们急于表达但其实又不知道如何表达，甚至有的会羞于表达，因此把握幼儿成长的关键期，为幼儿创造适时的社会语言环境，能够帮助幼儿发展社会交往能力。

3. 大班社会领域活动中玩教具的运用与指导

大班社会领域活动中玩教具的运用具体见表4-3。

表4-3 大班社会活动常见玩教具及其玩法

类别	游戏名称	发展目标	玩教具材料	玩法
社会交往	美食一条街	按照意愿独立确定游戏主题的能力	各类小吃材料、价目表、收银台等	幼儿协商分配角色，分工合作，与同伴友好交往
	早点店	面对问题随机应变的能力，有初步的金钱使用意识	各类制作的面包、油条、包子、饺子等	幼儿扮演早点店店主，其他幼儿通过完整的沟通表达购买心仪的早餐
	木偶戏	能够进行情境的创编演绎，发展团队合作精神	各类木偶戏人物角色	幼儿相约成伴，一起协商沟通演绎一场木偶戏
	超市	面对问题随机应变的能力，学会合理购买生活用品，养成节约意识	水果蔬菜、百货商品等	幼儿根据生活所需选择购买的种类，对一日生活所需有初步的使用规划
	儿童医院	幼儿通过角色游戏发展社会交往能力，体验合作的乐趣	病历、取款机、医院用品、医生护士服	小朋友带着娃娃去医院看病，一名幼儿当医生，进行问诊咨询

项目 4　社会领域玩教具制作

大班更加注重幼儿社会交往能力的培养，以及语言词汇的丰富和语句的完整表达，因此大班更多的是进行社会角色表演。这一时期教师主要由指导角色转换成观察角色，游戏结束后要对幼儿的表现进行点评，课后延伸的内容也应更加深入，引发幼儿社会性的思考，帮助幼儿建立更好的社会角色思维。

模块三　对点案例

案例一：夹夹子

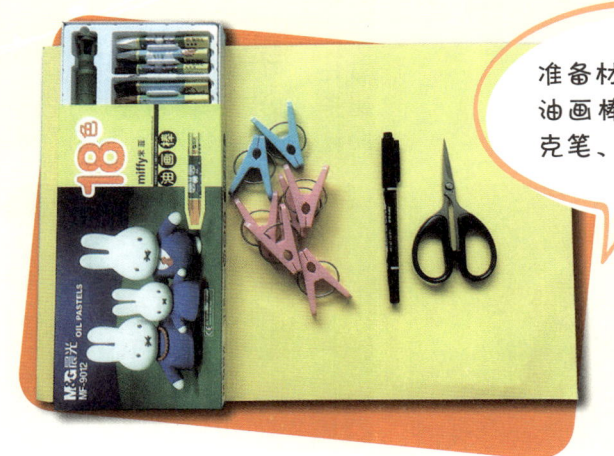

准备材料：油画棒、夹子、马克笔、剪刀、卡纸

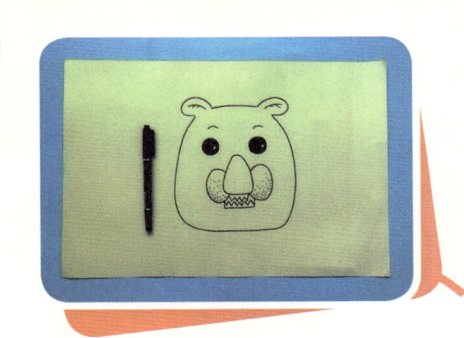

1. 用马克笔在卡纸上画出一头小狮子。

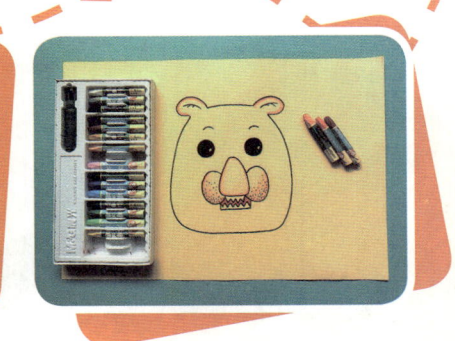

2. 给小狮子上颜色。

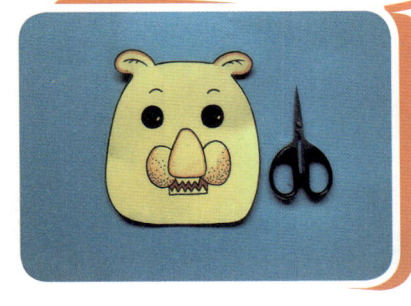

3. 将画好的狮子头剪下来。

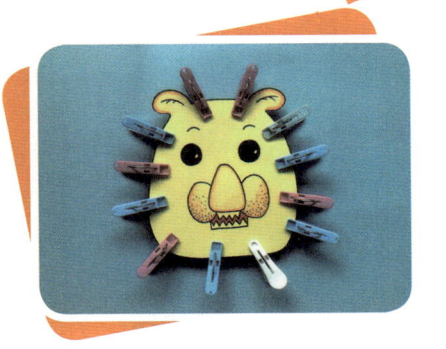

4. 最后，小朋友们将小夹子夹在狮子头周围，一只漂亮的小狮子就完成了。

95

幼儿园 玩教具制作与活动指导

案例二：扣扣子

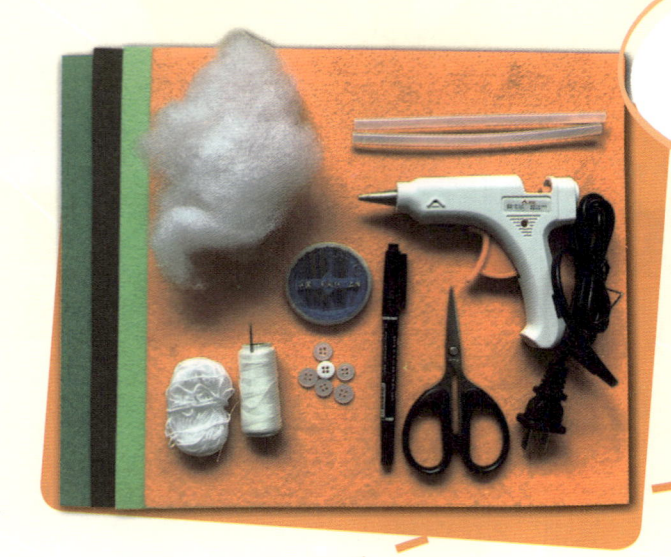

准备材料：
不织布、棉花、针线、扣子、马克笔、剪刀、胶枪、胶棒

① 首先，用剪刀剪出树干、树冠、叶子和橘子的形状。

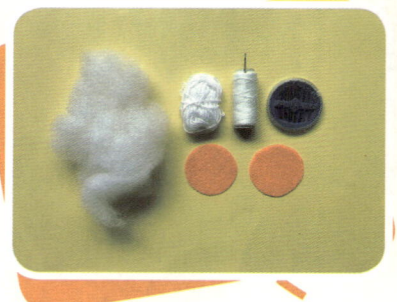

② 准备好针线、棉花来缝制"橘子"。

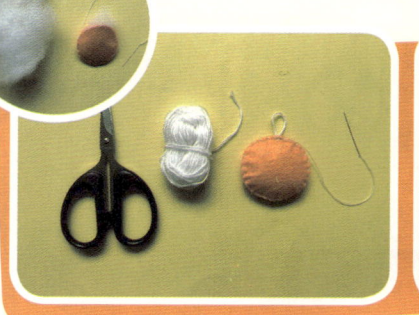

③ 将两片圆形进行缝合，将棉花塞入，最后在接口处缝上一段小棉线。

④ 用胶枪把树干与树冠粘牢，将小叶子和扣子粘在树冠上。

⑤ 将"橘子"挂在树上，就完成了。

96

项目 4　社会领域玩教具制作

案例三：贴五官

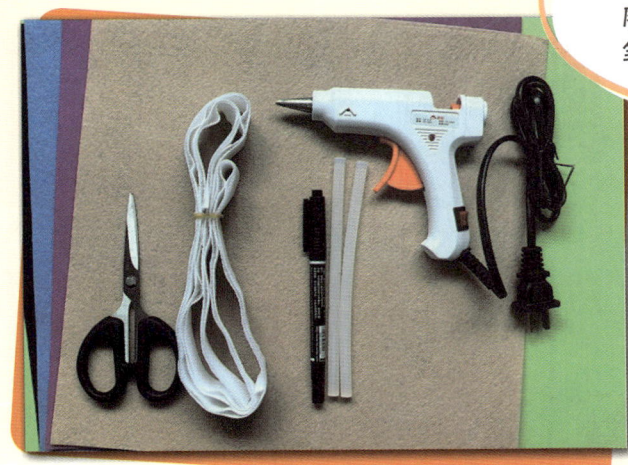

准备材料：
不织布、剪刀、魔术粘贴、马克笔、胶枪、胶棒

1. 在不织布上画出人物的头发、脸、五官，并将其剪下。

2. 将头发、脸贴在一张完整的不织布上，将魔术粘贴剪成若干小段。

3. 用胶枪将魔术粘贴在脸上和五官上。

4. 贴五官的玩具就完成啦，小朋友可以随意撕贴组合爸爸的表情。

97

幼儿园　玩教具制作与活动指导

案例四：纸盒电话

准备材料：废旧纸盒一个、牙膏盒两个、即时贴、剪刀、马克笔、双面胶、彩带、不同颜色的小段海绵纸

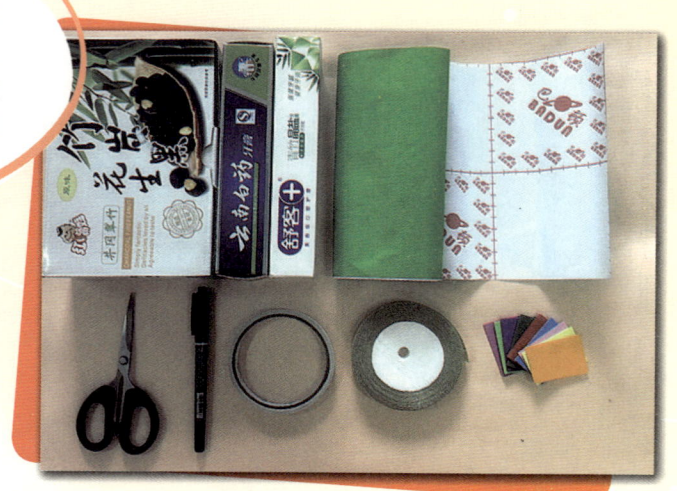

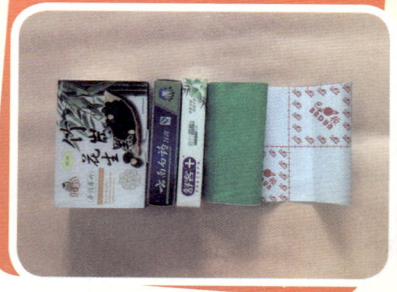

① 裁剪合适大小的即时贴，将三个盒子包装好。

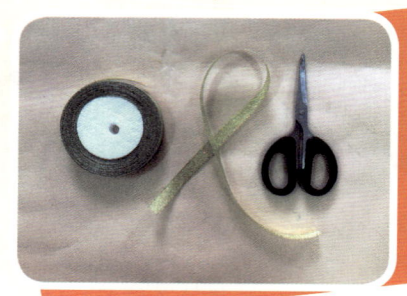

② 剪下一小节彩带，用来做电话线。

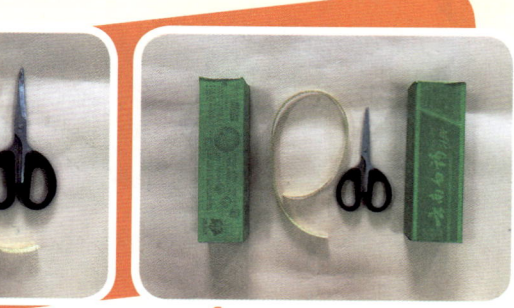

③ 在红点标记处扎孔，将彩带穿入并在反面打好结。

98

项目 4　社会领域玩教具制作

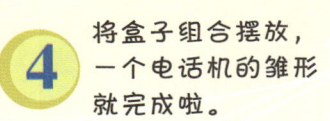

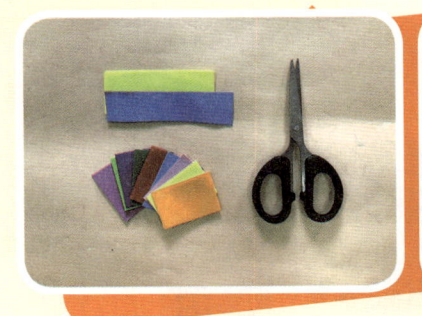

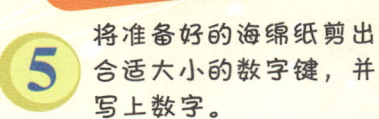

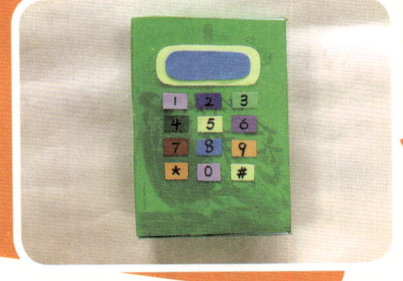

4 将盒子组合摆放，一个电话机的雏形就完成啦。

5 将准备好的海绵纸剪出合适大小的数字键，并写上数字。

6 在数字键反面粘好双面胶，粘在电话机机身上。

7 在电话机侧身粘好双面胶，用来固定听筒底座。

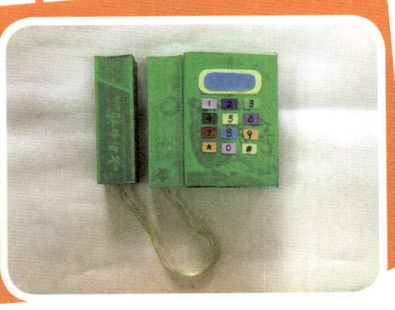

8 将听筒放置好后，一个完整的电话机就完成啦。

99

幼儿园 玩教具制作与活动指导

案例五：编织花篮

准备材料：不织布、直尺、马克笔、剪刀、绳子

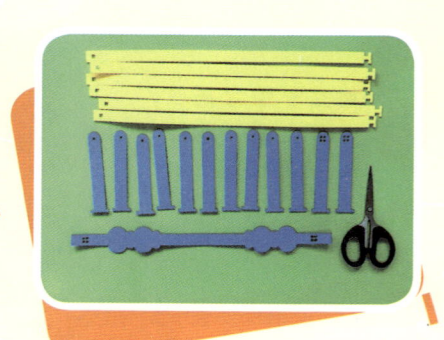

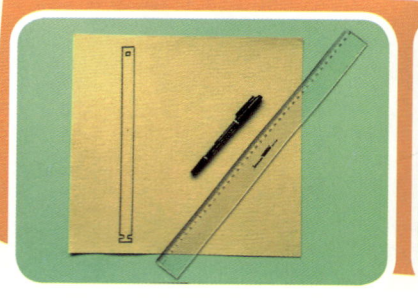

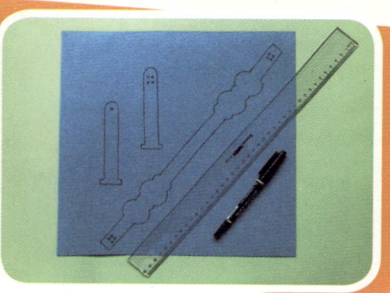

① 用尺子和马克笔画出如图所示的形状若干。

② 将画好的形状用剪刀一一剪下。

③ 首先将花篮的底座确定好，装上事先剪好的蓝色条。

100

项目 4 社会领域玩教具制作

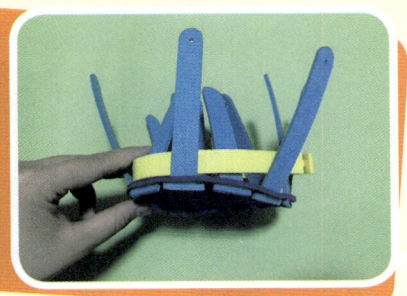

4 将黄色条组合好，按照蓝色条一里一外的顺序进行编织。

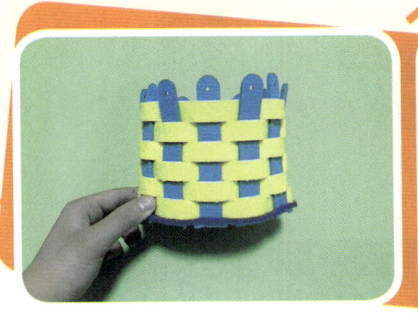

5 我们的编织篮基本上就快完工了。

6 瞧，最后用绳子将花篮的把手一同穿起来，一个漂亮的花篮就编织完成了。

101

幼儿园 玩教具制作与活动指导

案例六：老虎挂钟

准备材料：
不织布、棉花、针线、扣子、马克笔、彩绳、剪刀、胶枪、胶棒

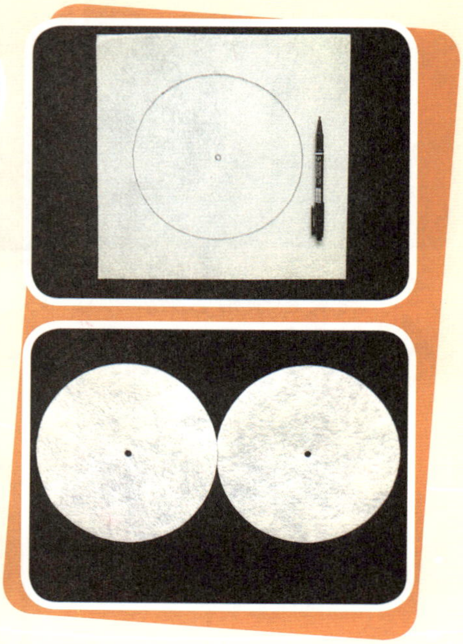

① 用马克笔画出所需的时钟表盘并将其剪下。

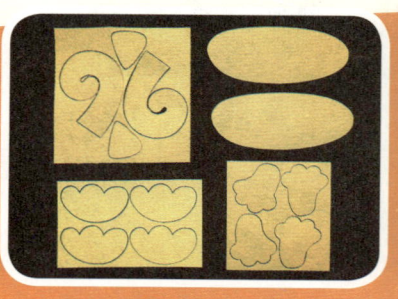

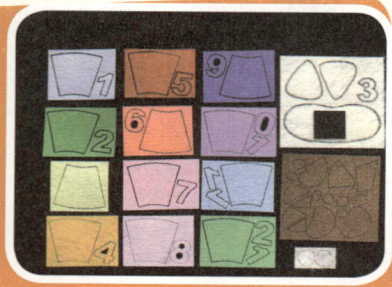

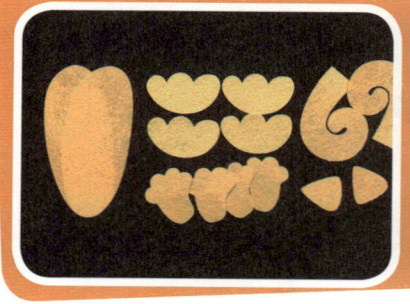

② 同理，画出老虎的脸、耳朵、嘴巴、爪子、脚、表盘上的数字刻度，并将其一一剪下。

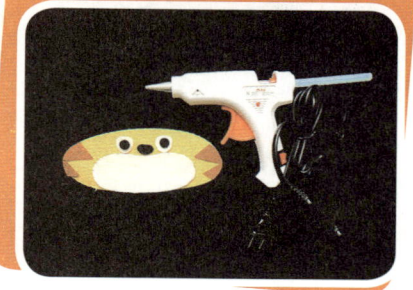

③ 将老虎的形状拼装好用针线缝合外围，用胶枪固定老虎脸部花纹和五官。

102

项目 4　社会领域玩教具制作

4 用针线缝老虎的耳朵、爪子，并塞好棉花缝合。

5 所有准备材料完成后，一个老虎的形象已经呈现。

6 用胶枪将时钟表盘粘贴好。

7 用胶枪将老虎与时钟表盘进行组装粘合。

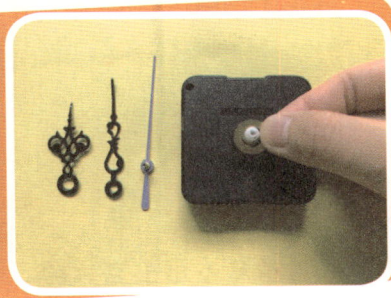

8 将钟表机芯嵌入表盘。

9 最后用针线在老虎头部缝上一根绳子，一个可爱的挂钟就完成啦。

103

幼儿园 玩教具制作与活动指导

案例七：香辣烧烤

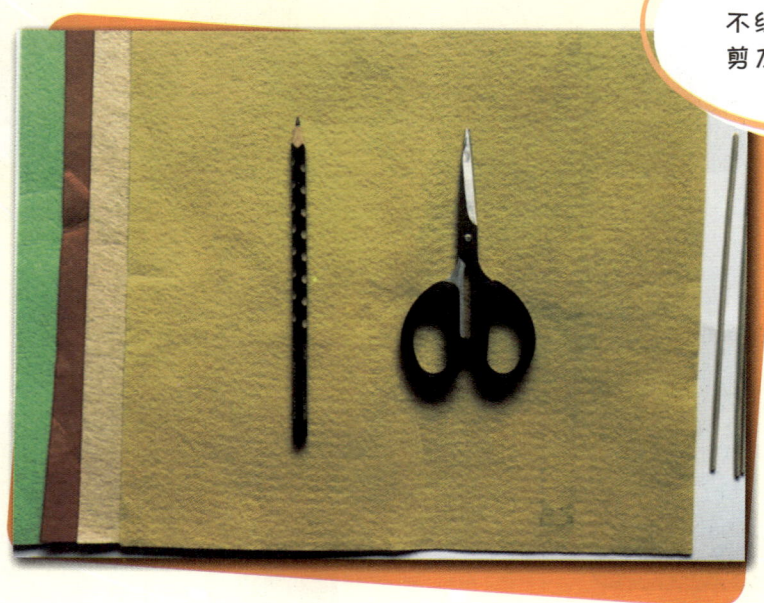

准备材料：
不织布、铅笔、剪刀、竹签若干

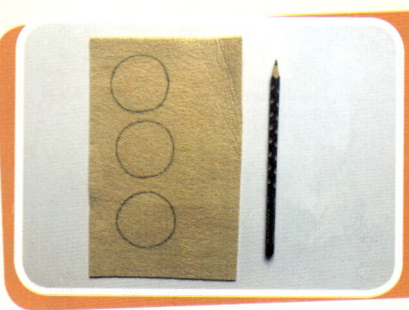

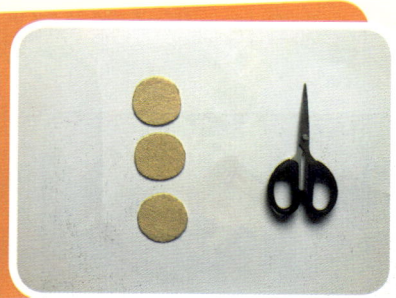

① 用铅笔画出土豆片的形状，并用剪刀剪下。

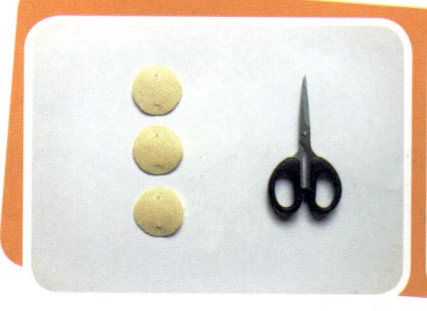

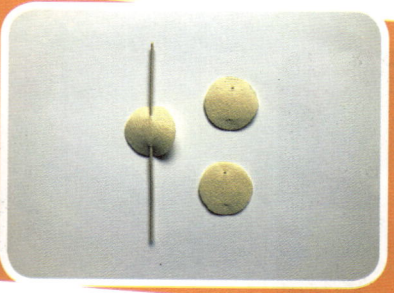

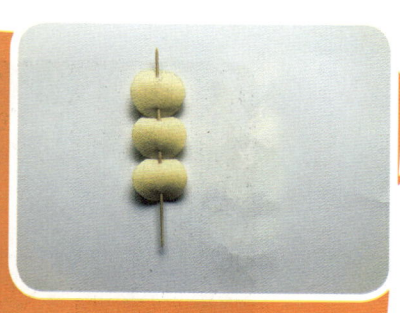

② 用剪刀在土豆片上打好洞，用竹签串好。

项目 4　社会领域玩教具制作

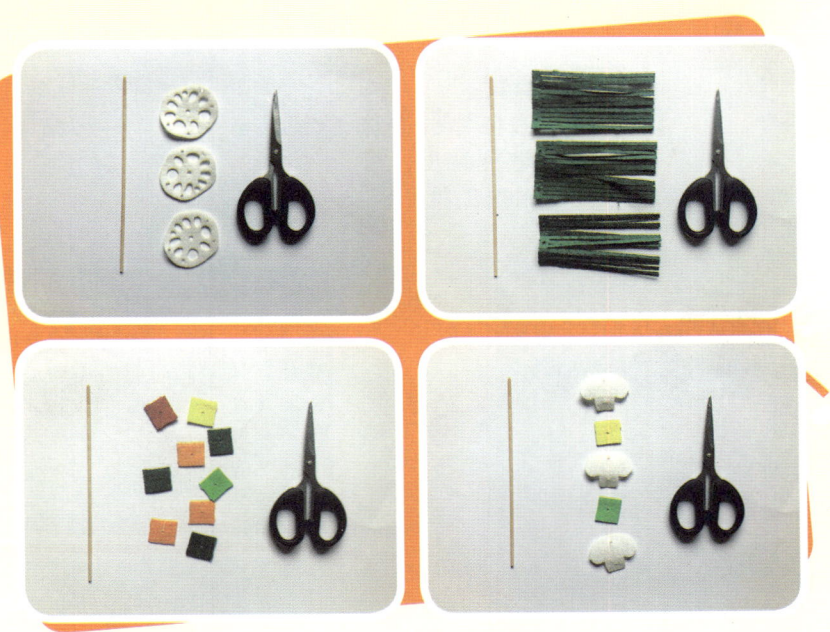

③ 用同样的方法剪出"藕片""韭菜""彩色辣椒片""蘑菇"的形状。

④ 用竹签将"美食"串好就可以等待烧烤了。

105

幼儿园　玩教具制作与活动指导

案例八：巧克力冰激凌蛋糕

准备材料：泡沫圆柱体、泡沫球、超轻黏土、牙签、制作工具

① 选取适量巧克力色黏土，绕圆柱体外围进行"包边"。

② 选取白色黏土作为奶油，压成饼状后用拳头随意按压。

③ 将奶油包在做好的"蛋糕"上。

106

项目 4　社会领域玩教具制作

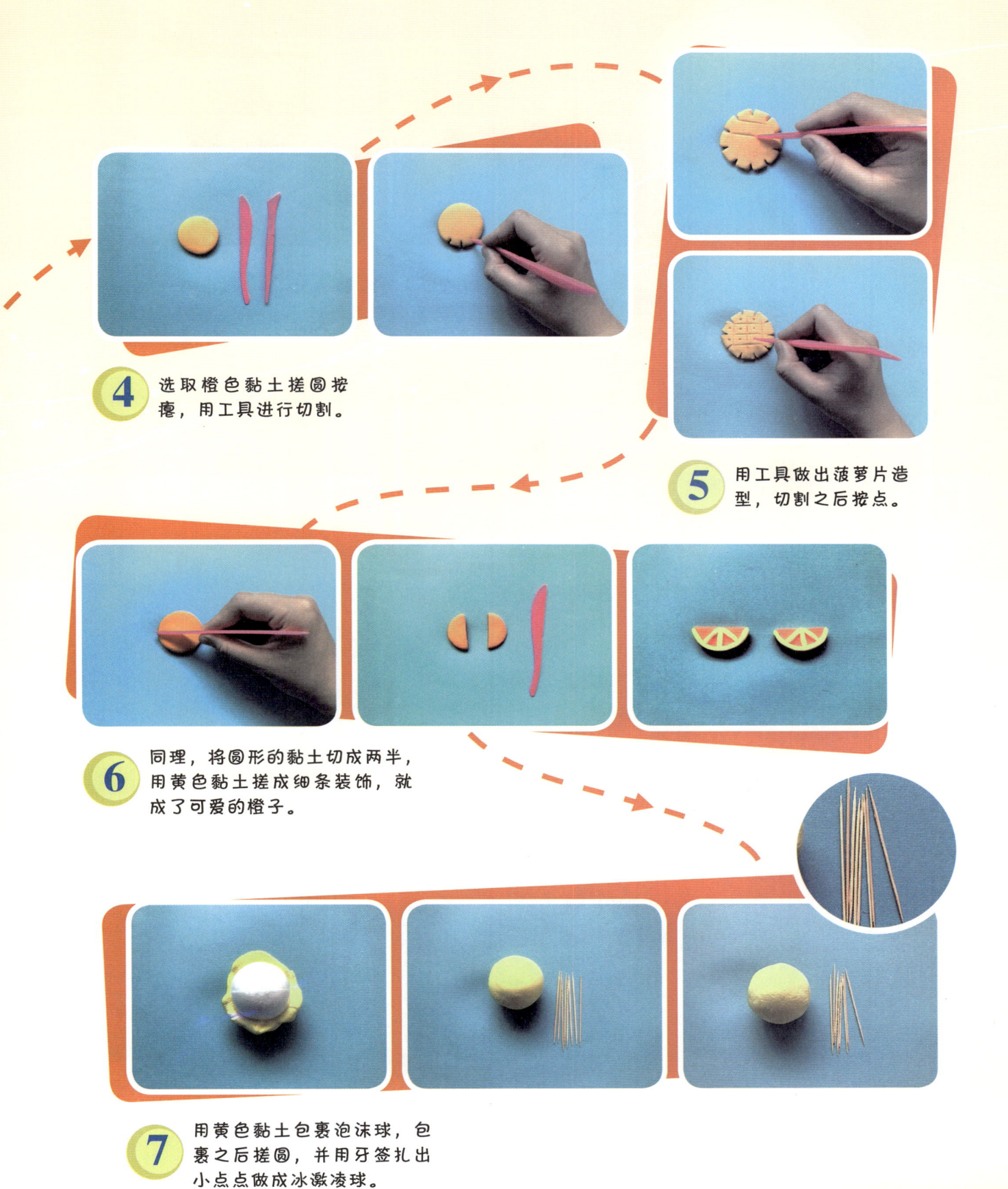

④ 选取橙色黏土搓圆按瘪，用工具进行切割。

⑤ 用工具做出菠萝片造型，切割之后按点。

⑥ 同理，将圆形的黏土切成两半，用黄色黏土搓成细条装饰，就成了可爱的橙子。

⑦ 用黄色黏土包裹泡沫球，包裹之后搓圆，并用牙签扎出小点点做成冰激凌球。

107

幼儿园　玩教具制作与活动指导

8 同理，做出别的口味的冰激凌球，用牙签固定在蛋糕上。

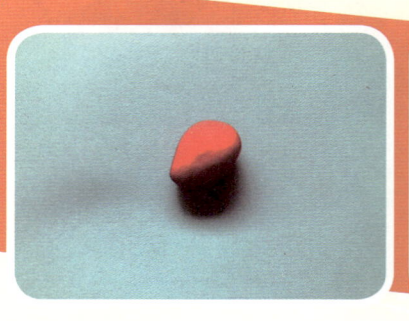

9 选一个小的红色黏土搓成草莓形状，用工具戳上点。

10 用绿色黏土捏出草莓的叶子，粘上叶子，一颗可爱的小草莓完成了。

11 搓出两根长条形黏土，并用牙签串好。

108

项目 4　社会领域玩教具制作

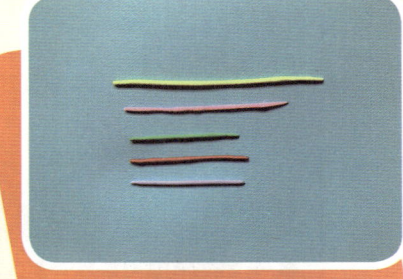

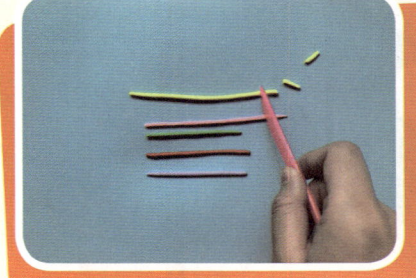

12　用黏土搓成彩色小细条，然后用工具切碎就变成小碎糖。

13　用之前做好的巧克力棒蘸取小碎糖，并洒在蛋糕上作为装饰。

14　瞧，一个美味的巧克力冰激凌蛋糕就完成了。

109

幼儿园 玩教具制作与活动指导

案例九：手偶剧场

准备材料：
废旧纸盒盖、亮光纸、彩色泡沫纸、手偶玩具、彩带、双面胶、绳子、马克笔、铅笔、剪刀

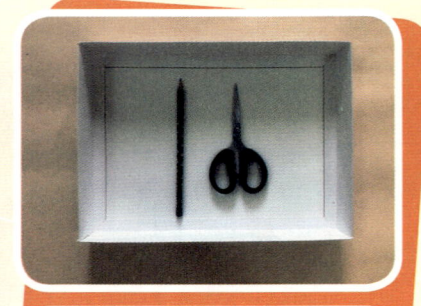

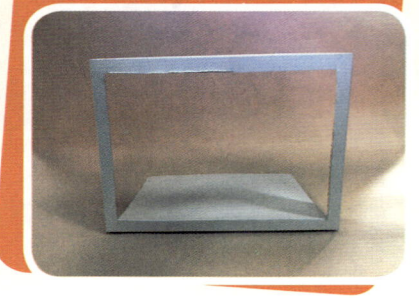

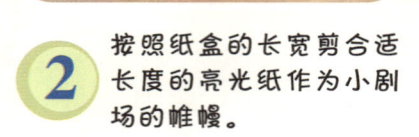

① 沿着画线的位置将纸盒盖剪开，完成小剧场的雏形。

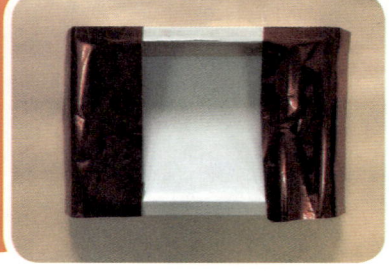

② 按照纸盒的长宽剪合适长度的亮光纸作为小剧场的帷幔。

③ 在如图所示处粘上双面胶，粘好小剧场两边的帷幔。

110

项目 4　社会领域玩教具制作

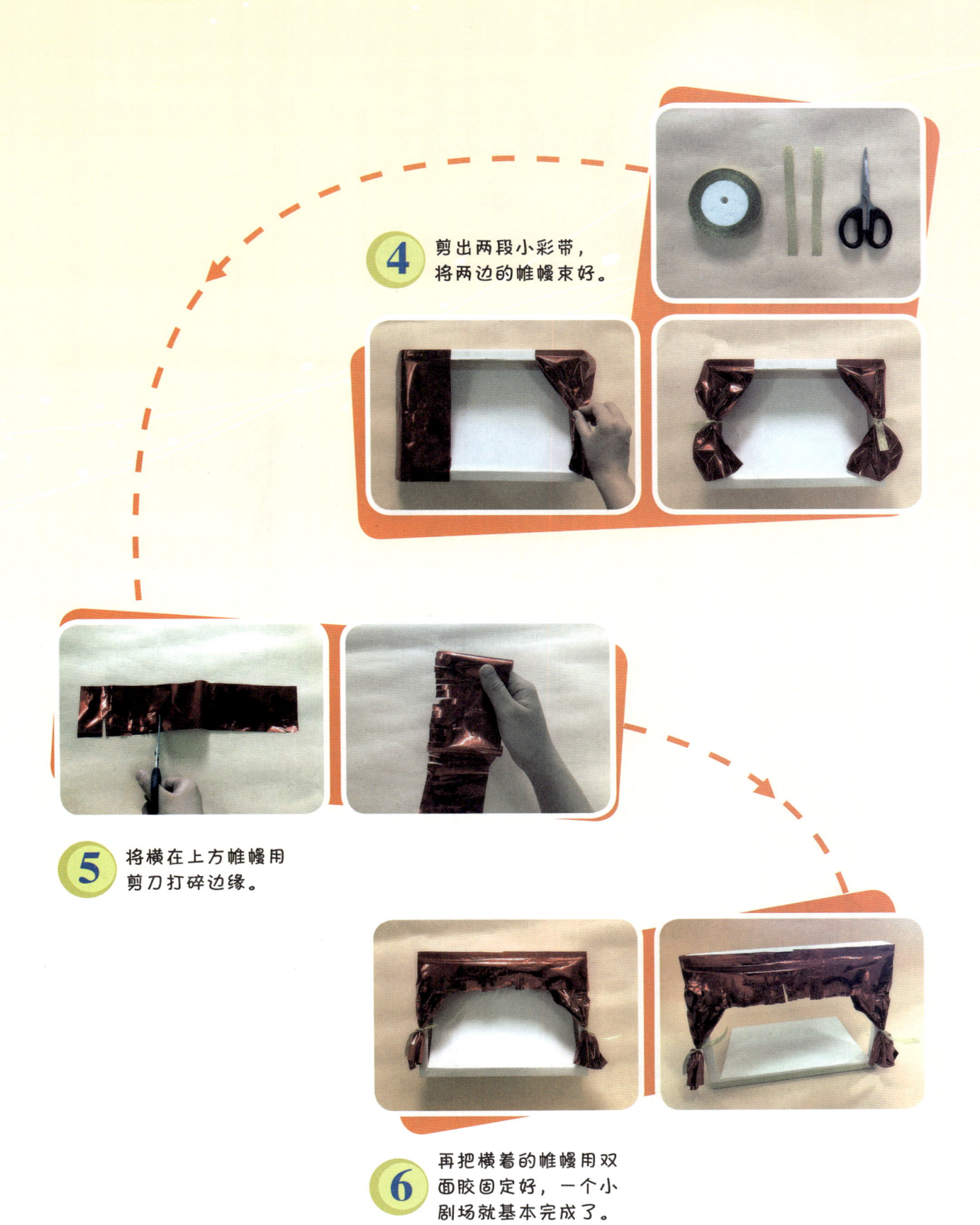

4　剪出两段小彩带，将两边的帷幔束好。

5　将横在上方帷幔用剪刀打碎边缘。

6　再把横着的帷幔用双面胶固定好，一个小剧场就基本完成了。

111

幼儿园　玩教具制作与活动指导

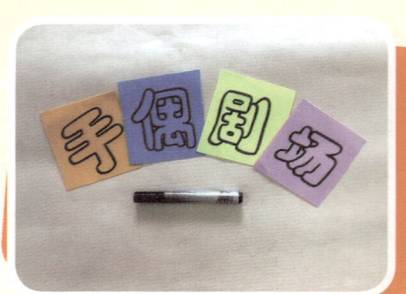

7 用马克笔写好"手偶剧场"四个字并剪下。

8 用双面胶将"手偶剧场"四个字对应粘好。

9 再在前面用一些小花小草进行装饰。看！漂亮的手偶剧场就完工了，孩子一看就喜欢。

项目 4　社会领域玩教具制作

案例十：双龙戏珠

准备材料：
闪光海绵纸、亮光贴纸、报纸、海洋球、绳子、硬纸板、皱纹纸、即时贴、泡沫胶带、透明胶带、剪刀、刻刀、马克笔、铅笔、丙烯颜料、颜料刷、废旧鞋盒、PVC管

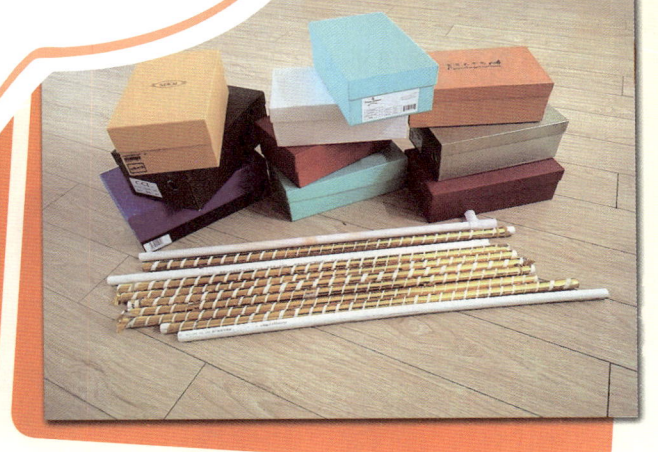

① 用即时贴将鞋盒包好，将亮光贴纸剪成条状缠绕在PVC管外。

② 用刻刀在鞋盒侧方打洞，然后把包好的管子插进去。

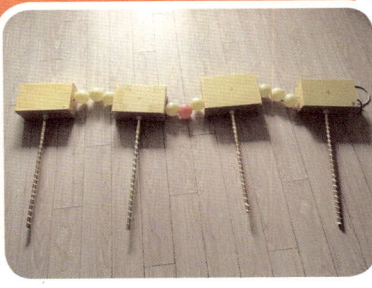

③ 准备好麻绳和海洋球做鞋盒之间的连接。用刻刀在鞋盒前后打孔，然后将海洋球和鞋盒依次串连起来。

113

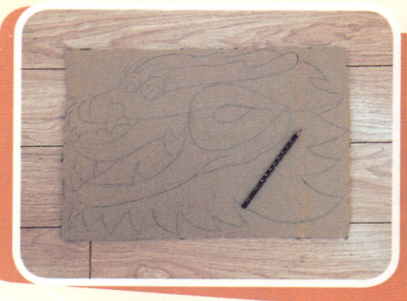

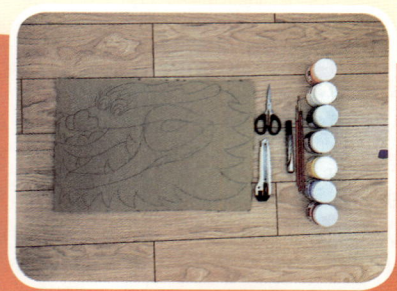

幼儿园 玩教具制作与活动指导

4 用铅笔在硬纸板上画出龙头，准备好绘画的丙烯颜料。

5 左图为上色后的效果图，同理画出其他的龙头和龙尾。

6 将龙头和龙尾用透明胶粘贴固定。

7 接下来做龙鳞。选择三个颜色的闪光海绵纸，画出大小不同的龙鳞，剪下后用双面胶进行粘贴组合。

8 将报纸团成团，用透明胶缠绕紧实。

114

项目 4 社会领域玩教具制作

⑨ 准备好皱纹纸再包一层,用透明胶缠绕紧实。

⑩ 将亮光贴纸剪成条状粘贴纸球一周。

⑪ 同理,将包好的PVC管插进纸球中。

⑫ 最后将龙鳞粘贴在龙身上,即完成双龙戏珠。

115

一位教师的社会领域教学工作心得

《3—6岁儿童学习与发展指南》中提出:"幼儿的社会性主要是在日常生活和游戏中通过观察和模仿潜移默化地发展起来的……避免简单生硬的说教。"幼儿社会领域的学习与发展过程是其社会性不断完善并奠定健全人格基础的过程。人际交往和社会适应是幼儿社会学习的主要内容,也是其社会性发展的基本途径。幼儿在与成人和同伴交往的过程中,不仅学习如何与人友好相处,而且学习如何看待自己、对待他人,不断发展适应社会生活的能力。良好的社会性发展对幼儿身心健康和其他各方面发展具有重要影响,只有让幼儿认识社会,了解社会,才能更好地适应社会。

而社会领域的教育教学活动就是来源于实际生活中的情景再现,为幼儿梳理日常生活中的社会规则、交往方式,学习处理实际问题的方法。幼儿社会性是在游戏、观察、学习、模仿、体验中发展起来的。它不像语言、美术、音乐通过一节活动就可学会一首儿歌、画一幅画或学会唱一首歌,它是一个漫长的积累过程。在日常生活中,我们通过区域活动创设幼儿交往的机会,让幼儿学习交往的基本规则和技能,体会交往的乐趣。在区域自主学习中,环境为幼儿提供自由交往和游戏的机会,鼓励他们自主选择、自由结伴开展活动;利用相关的图书、故事,结合幼儿的交往经验,和幼儿讨论什么样的行为受大家欢迎;当幼儿与同伴产生矛盾或冲突时,指导他们尝试使用协商、交换、轮流、合作等方式解决;多为幼儿提供需要大家齐心协力才能完成的活动,让幼儿在具体活动中体会合作的重要性,学习分工合作。

进行区域自主学习活动使幼儿处于交往、冲突、交流、合作的经验提升中,我觉得自发的互助学习是促进幼儿社会性发展的有效教育途径之一。一方面爱玩游戏是幼儿的天性,游戏最能发挥幼儿的主体性。另一方面,游戏中的挑战性为幼儿的行为、语言等能力的提升提供了很好的平台。在这个平台上,幼儿主动运用已有的社会认识、社会经验解决发生的"问题"。区域游戏中的每个区域都好似一个"小社会",每个幼儿在这个"小社会"中扮演着不同的社会角色,以独特的方式参与社会生活,体验与他人交往的过程,体验不同角色的职责、情感。在此过程中幼儿之间会发生各种矛盾冲突,遇到各种困难,还经常与同伴发生争吵,他们需要尝试、学习如何协商、如何解决、如何分享,而教师则在观察游戏的过程中进行适时、适当的指导以促进幼儿人际交往、社会适应能力的发展。

德国教育家第斯多惠指出:"教育的艺术不在于传授本领而在于激励、唤醒、鼓舞。"创设游戏情境,正是激励、唤醒、鼓舞的一种艺术。为幼儿创设符合实际需要的环境,为幼儿提供合理的情景,帮助幼儿建立合理的规则意识,是在《指南》指引下我们新时代教师要完成的工作。

小班社会领域活动:有礼貌的小客人

活动目标

1. 初步学会有礼貌地做小客人,掌握与人交往时常用的礼貌用语:请、您好、谢谢、再见。
2. 初步懂得一些做客人的简单礼节。

活动准备

经验准备:情景表演"做客"(请配班老师表演)。

物质准备:小兔、小猫的头饰。

活动过程

1. 开始部分:引起幼儿活动兴趣

师:"小朋友,今天请大家先看一段表演,大家要仔细看,看看里面有谁?他们在干什么?说了什么?"

2. 基本部分:欣赏情境表演"做客"

(1)教师根据表演内容提问。

①这是谁的家呀?它在干什么?

②谁来做客了?

③它们都说了什么?做了什么?

（2）第二次欣赏表演。

讨论：

①小猫是怎么敲门的？见了小兔说了什么？

②小兔见客人来了说了什么？做了什么？

③小猫看见桌子上的图书后对小兔说了什么？

④小猫要走了，临走时对小兔说了什么？

小结：今天，小朋友看了一段表演"做客"，知道去别人家做客时要有礼貌，见面时要会说"您好"，招待客人时要说"请""谢谢"，走时要说"再见"（练习一下），并且不随便翻拿别人的东西。

讨论：平时你去别人家做客时，有哪些不对的地方？以后应该怎么做？

3．结束部分

（1）幼儿练习。

①请能力强的幼儿进行表演，练习有礼貌地做小客人，练习使用礼貌用语。

②请幼儿自愿到娃娃家做客。

（2）活动结束。

教师小结幼儿游戏情况，鼓励幼儿以后做客时努力做有礼貌的小客人。

活动延伸

1．建议家长带领幼儿去亲戚家、朋友家做客，让幼儿练习做有礼貌的小客人。

2．利用游戏时间组织幼儿表演。

中班社会领域活动：鞋子游戏真有趣

活动目标

1. 认识各种鞋子，知道两只鞋子的鞋号、款式是一样的。
2. 尝试按照鞋子的特征分类摆放。
3. 喜欢玩鞋子游戏，感受穿着合适鞋子的舒适。

活动准备

经验准备：幼儿认识鞋子，知道每个人要穿两只一样的鞋子。

物质准备：各种鞋子的图片、鞋架、爸爸妈妈的鞋、音乐《我的皮鞋踏踏响》。

活动过程

1. 开始部分：游戏"我的皮鞋踏踏响"

小朋友听音乐《我的皮鞋踏踏响》，按照歌词内容和节奏，用鞋子发出"踏踏踏"的声音。

2. 基本部分

（1）玩游戏"大鞋与小鞋"。

①出示爸爸妈妈的鞋。

②选择一双喜欢的大鞋，玩"我的皮鞋踏踏响"游戏，按照音乐节奏，发出踏踏踏的声音，之后分享各自的想法（感受不合脚的鞋子游戏起来的不便利）。

③再找一双能够帮助小朋友跑和跳的鞋，玩"我的皮鞋踏踏响"游戏，玩后让小朋友说说发现了什么问题。（感受合脚的鞋子游戏起来的便利）

④穿自己的鞋，玩"我的皮鞋踏踏响"，体会合适的鞋子活动起来最舒适。

（2）认识各种鞋，玩记忆游戏，整理超市鞋子。

①出示各种鞋的图片，有节奏地说出鞋子名称。

②整理超市鞋子，说说怎样摆最合理，为什么？（引导幼儿成双摆放，知道一双完整的鞋子鞋号和款式是一样的）

3. 结束部分：游戏"小脚穿大鞋"

（1）幼儿分成四组，教师发出口令，从起点到终点，最先完成的组获胜。

（2）说一说自己的游戏感受，再次体验合脚鞋子给人们生活带来的便利。

大班社会领域活动：一分钟有多长

活动目标

1. 愿意参加一分钟的感知和操作活动，体验活动的乐趣。
2. 懂得做各项事情都要抓紧时间，知道时间的不可逆转性。
3. 能围绕问题和操作结果分析原因，大胆交流表达自己的看法。

活动准备

1. 多媒体课件"一分钟能干什么"。
2. 操作材料：筷子、弹珠，泥工板、油泥，彩笔、形状涂色。
3. 时钟一个，记录用的白纸、彩笔若干。

活动过程

1. 开始部分：谜语导入

（1）谜语：滴答滴答，会走没有腿，会说没有嘴，它会告诉我们，什么时候睡，什么时候起。

（2）时钟有什么用呢？（它告诉我们时间，和我们的生活有着密切的关系）

2. 基本部分

（1）在游戏中体验一分钟的长短。

师："你们知道一分钟有多长吗？"幼："60秒，很长。"

师："今天我请小朋友玩个游戏，亲自来体验一分钟的长短。"

游戏：

①木头人。

游戏结束："你觉得这一分钟是长还是短？你在什么时候感觉时间特别长？"

师："刚才有的小朋友说一分钟很长，有的说一分钟很短。现在小朋友觉得一分钟长还是短？"

小结：当我们开开心心做游戏时，感觉一分钟很短，很快就过去了。是吗？小朋友还想再玩一个游戏吗？那我再带小朋友玩一个金鸡独立的游戏。

②金鸡独立。

（教师示范）"当老师说开始的时候，只用一条腿站立，另外一条腿尽量不要落地。如果落地，赶紧抬起来，看谁能坚持一分钟。准备好了吗？我们请老师计时，开始……"

师："时间到了，小朋友可以坐下来休息了。这次你们感觉一分钟长还是短呢？"

小结：原来我们在等待、在坚持或者很累的时候，就会觉得一分钟还是有点长的。

（2）讨论交流收集的资料：一分钟可以干什么呢？

①提问："小朋友可以想一想一分钟我们能完成什么事情呢？"

②老师与大家分享准备的资料：

"我们一起来看看他们在一分钟里做了什么事？"（教师边播放PPT课件边解释）

附：一分钟，银行点钞机大约可以点1500张人民币。

　　一分钟，中央电视台播音员大约可以播120个字。

　　一分钟，人大约可以走80米。

　　一分钟，汽车大约可以跑1200米。

　　一分钟，大人跳绳可以跳160个……

小结：看来一分钟在我们的生活中真是太重要了，一分钟不仅可以让我们做很多的事情，还可以给我们带来无尽的快乐。

师："一分钟说长不长，说短也不短，现在老师就给你们一分钟的时间，看看一分钟你到底能做多少事情。"

（3）操作体验。

介绍材料：筷子、弹珠，泥工板、油泥，彩笔、形状涂色。

介绍规则：幼儿分四组。秒针开始走时，大家要一起动手，一分钟到时立刻停下来，看看大家一分钟里能做些什么。一分钟结束以后请数数，并把数字记住。幼儿操作。请数数在一分钟里你夹了几粒弹珠（涂了几个圆圈）。

（3）交流汇总，教师记录结果。

请幼儿分组介绍一分钟的成果，方法是：一组幼儿依次报数，另一组幼儿仔细倾听，说出一分钟内谁做得最多。（教师记录幼儿报的数字）

①同样花了一分钟时间，为什么每组的结果不一样？

结论：虽然时间相同，但每组做的事情不同，有的比较难，有的比较容易，所以结果也不同。

②穿珠子小组的小朋友虽然做的事情相同，可他们的结果也不一样，为什么？（当场让该组幼儿再次报数验证）

结论：在相同的时间里做同样的事情，因为每个人的动作有快有慢，所以结果也会不同。

师："小朋友们，时间过去了，还能回来吗？"

小结：时间是很宝贵的，这一分钟过去了，就再也不会回来了。一分钟很短，但如果小朋友抓紧时间，还是能做很多事情，我们可不能小看了一分钟。只要我们抓紧每一分钟的时间，做事专心，不拖拉，我们肯定会做更多的事情。所以从现在开始，我们要珍惜每一分钟的时间。

3. 结束部分

幼儿一分钟整理物品回教室。

项目 5 科学领域玩教具制作

学海导航

知识目标 知道科学领域玩教具的制作可以让幼儿增长知识、开阔视野，还可以培养幼儿的科学探索精神和科学创造能力。

技能目标 培养幼儿大胆创新和运用科学知识的能力，将科学知识和材料相结合，掌握沙、水、声音、空气、电磁、力、光影等玩教具的制作技能。

情感目标 激发学生对科学玩教具制作的兴趣，体验科学带来的成就感。

模块一 基础知识

一、科学领域玩教具概述

幼儿是在操作中获得认知的，在开展教学活动时要为幼儿提供隐含教育价值的操作材料，让幼儿在操作中运用各种感官，主动动手动脑去探究问题，有助于幼儿主动学习。幼儿园一般都会设置科学区角，在科学区给幼儿提供操作材料，幼儿可以开展有趣的科学实验，通过操作直观了解一些科学现象。教师作为幼儿学习的指引者，可以带着幼儿自己动手制作玩教具，通过动手操作发现问题、解决问题，提高对科学学习的兴趣。

自制的科学领域玩教具能弥补教学设施的不足，促进幼儿对知识的理解，培养其观察能力、动手能力、创新能力。科学领域玩教具的制作要遵循实用性、趣味性、科学性、探索性原则，主要利用光影、电磁、力学、声音等方面的科学原理。例如，自制的"投影仪"就是利用光与影成像原理；"旋转的蝴蝶"就是利用电磁感应的原理进行旋转；"钓鱼"利用的是磁铁的相吸原理；"旋转的小花"利用了水的张力原理；"鸡蛋不倒翁"运用了重心越低稳定性越高的原理；"听诊器"利用了声音的震动传播原理。

二、科学领域自制玩教具的意义

科学领域的自制玩教具既能够满足活动开展的需要，又可合理巧妙地利用废旧材料，这有利于帮助幼儿树立节约意识和环保意识，可以激发幼儿的好奇心和求知欲，培养学习兴趣，有利于培养幼儿的观察能力和思维能力。

模块二　科学领域玩教具的筛选、运用与指导

一、科学领域活动中玩教具的筛选

玩教具对幼儿具有非常重要的启蒙作用，因此合理筛选适合幼儿的玩教具，有助于为幼儿的成长奠定坚实的基础。在选择科学领域玩教具的时候应考虑该玩教具是否符合幼儿年龄特点，是否能引导幼儿自主探索，是否真实自然等。

实例链接

在大班操作活动《有趣的皮影》中，通过前期对皮影历史的了解、采访皮影民间艺人、欣赏皮影表演之后，孩子们开始自己尝试制作皮影。首先考虑的是采用什么材料比较好？为此，孩子们收集了各种各样的材料开始制作。但第一次尝试之后发现：卡纸太厚了，光照出来之后，只能出现黑影，不能透出颜色。这里提供的材料让孩子们主动发现了"光与影"的问题，于是他们不断调整自己的材料以找到答案。最后孩子们用塑封好的透明薄膜，成功制作出了能透出轮廓和颜色的皮影。

接下来的问题是怎么样让皮影动起来？这就需要安装杆子和制作关节。哪部分需要动起来，孩子就需要考虑力与力的作用关系，杆子装在哪里比较合适，关节做在哪里才能动起来等问题。

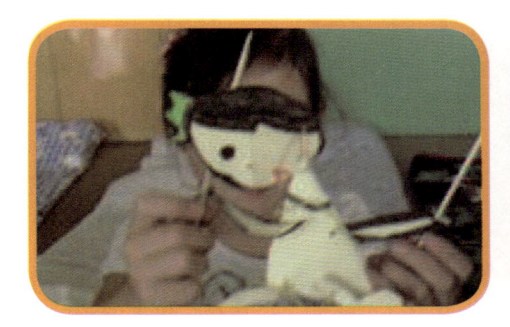

二、科学领域活动中玩教具的运用与指导

科学领域活动，主要是为了引导幼儿在自主探究中发现问题、分析问题、解决问题，从中获取科学经验和科学知识，因此，科学领域活动中玩教具的运用要符合活动目标和年龄特点，材料可以是自制玩教具也可以是生活中的日用品等。

1. 小班科学领域活动中玩教具的运用与指导

小班科学领域活动中常用的玩教具及其玩法如表 5-1 所示。

表 5-1　小班科学领域活动中常见的玩教具及其玩法

游戏名称	发展目标	玩具材料	玩法
小乌龟爬呀爬	在用磁铁移动小乌龟的过程中，感受磁铁异极相吸的特性	磁铁、塑料垫板、小乌龟图片	将小乌龟的图片黏在磁铁的背面，并放在垫板的上面。用另一块磁铁放在垫板的下面，进行移动
漂浮的小球	感受气流能让小球飞起来	塑料吸管、超轻黏土（做小球）、彩纸	幼儿用嘴巴往吸管里面吹气，使小球飞起来
传声筒	感知、发现声音可以通过线进行传递	纸杯、绳子	一名幼儿将纸杯靠近自己的耳朵，另一名幼儿将纸杯靠近自己的嘴巴，并将绳子拉直，可以讲悄悄话
小动物喂食	感受物体的重力	一次性纸杯、小球、彩纸	幼儿从动物形象的嘴巴里放入小球，小球会沿着纸杯的镂空口往下滚动，直到进入最下方的纸杯里
拉拉转	幼儿在游戏中体会绳子转动的次数越多，拉线时线的弹性就越好，转动的时间越长	棉线、纸板	幼儿双手拉住棉线的两头，顺时针晃动手腕，使中间的圆形纸板旋转，并缠绕住两边的棉线。双手向两边来回拉伸棉线，使纸板回旋

　　刚进入幼儿园的小班幼儿对于科学活动有很强的兴趣，但由于他们缺乏学习经验，在活动中经常会出现这样的情况：方法单一，不懂得运用多种感官；喜欢动手，但缺乏思考；观察的持久性较差，容易受到干扰。所以应当给小班幼儿提供简单的、适合重复操作的玩教具，在操作中有意识地加以引导和激励，培养幼儿敢于尝试、敢于探索的品质。

2. 中班科学领域活动中玩教具的运用与指导

中班科学领域活动中适合的玩教具及其玩法如表 5-2 所示。

表 5-2 中班科学领域活动中常见的玩教具及其玩法

游戏名称	发展目标	玩具材料	玩法
踩不碎的鸡蛋	通过实验了解力被均匀分布到每个鸡蛋的表面后，鸡蛋不容易碎	鸡蛋、鸡蛋托若干	幼儿赤脚轻轻站在鸡蛋上，感受鸡蛋踩不破的神奇现象
气球小车	通过操作气球小车，使幼儿了解反冲力的作用和方向	废旧小汽车的轮子、气球、吸管、皮筋	幼儿用嘴巴向吸管口吹气，使气球变大，然后用手指堵住吸管口。将小车放到桌子上，放开堵住的手指，气球漏气的时候，车子会向反方向冲出去
神奇的纸屑	使幼儿对摩擦起电感兴趣，了解关于静电的知识	塑料笔、纸屑	幼儿将塑料笔的一头放在自己的头皮上来回摩擦。将刚刚摩擦后的笔头靠近纸屑，发现纸屑会被吸起来
浮起来的鸡蛋	探索在清水里加入一定的盐后，鸡蛋就会浮起来，感知浮力的存在	鸡蛋、透明容器、水、食用盐	幼儿首先将两个鸡蛋放入装有水的容器里，观察发现鸡蛋沉下去了。在其中一个容器里加入大量的食用盐，再把鸡蛋放进去，发现放了盐的水里，鸡蛋浮起来了
动力火车	幼儿通过操作开关，了解火车前进的原理是电能转化成了机械能	小汽车的轮子、电动小马达组件、电池、kt板、不织布、绑带	幼儿通过操作电动组件上的开关，让小火车向前行驶

中班的幼儿开始以具体形象思维为主，其探究的视野从点扩展到面，在教师的引导下能够围绕问题进行整体有序观察或两两比较探究，教师应鼓励幼儿多次尝试，以提升其探究的质量。

3. 大班科学领域活动玩教具的运用与指导

大班科学领域活动中常见的玩教具及其玩法如表 5-3 所示。

表 5-3　大班科学领域活动中常见的玩教具及其玩法

游戏名称	发展目标	玩教具材料	玩法
会爬的水	了解水的毛细现象，水能沿着缝隙或者小孔向上爬，缝隙越小，水爬得越高	一次性透明杯子、食用颜料、厨房用纸、水	将杯子排成一排，在间隔的杯子里放上水，水里放上食用颜料。将厨房用纸一头放在有水的杯子里，另一头放在没水的杯子里，等待观察，发现杯子里的水会变得一样多
倒不下来的水	感受大气压力的原理。杯子里装满了水，没有压力，垫板会受到一个向上的压力，所以没有掉下来	玻璃杯、垫板、水	将水杯装满水，用垫板紧密覆盖在杯口上，注意不能漏气，然后用手按住垫板，将水杯迅速倒过来，慢慢将垫板的手移开，发现水没有倒出来
乒乓球弹射器	利用气球的弹性，拉动气球产生形变，这股弹性势能转换为动能，将乒乓球弹射出去	塑料瓶、气球、乒乓球	将乒乓球放在瓶内，幼儿一只手握住气球和瓶身的交界处，另一只手向下拉气球，然后松开，将乒乓球弹射出去
音响	感受声波的反射原理，原本一道声波通过反射变成了多道声波	纸筒、一次性纸杯	幼儿选择喜欢的音乐，先用手机播放，然后将手机插到自制音响的槽里，感受前后音量及纸杯内水纹的变化
自制电灯	通过简易电路模型知道开关的作用	电路配件、灯珠、电池、纸杯	幼儿操作电路配件的开关，可以观察到灯珠亮了

大班幼儿的抽象逻辑思维有所发展，对于活动前的预设、活动中的自我检验和求证的能力有明显提高。他们能够主动提出问题，并进行自主探究，乐于多次反复尝试，探究解决问题的方法，不轻易放弃。教师应关注幼儿的兴趣点，根据其兴趣点投放相应的玩教具，从而帮助幼儿开展持续性的探究活动。

项目 5　科学领域玩教具制作

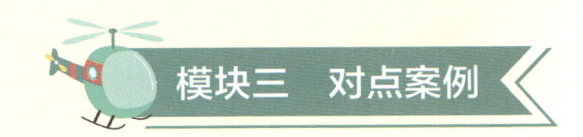

模块三　对点案例

案例一：关于沙——沙漏（小班）

准备材料：
两个透明饮料瓶、美工刀、剪刀、胶带、胶枪、胶棒、沙子

① 在瓶盖上用美工刀钻一个孔，然后用剪刀将洞钻大。

② 装进沙子，盖上瓶盖。

③ 去掉第二个瓶子上的盖子，用胶枪固定两个瓶子的瓶口，再用胶带固定连接口。

129

幼儿园 玩教具制作与活动指导

案例二：关于水——抽水机（大班）

准备材料：
泡沫棒、橡胶管、鱼线、剪刀

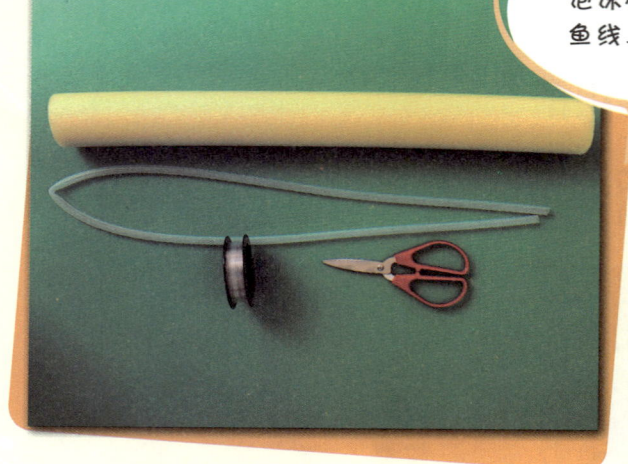

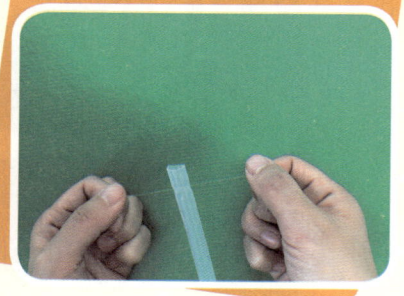

① 用鱼线在橡胶管的一头打结，然后将其固定到泡沫棒的一头。

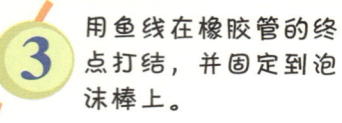

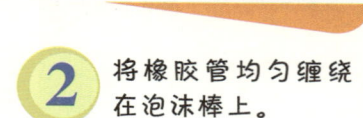

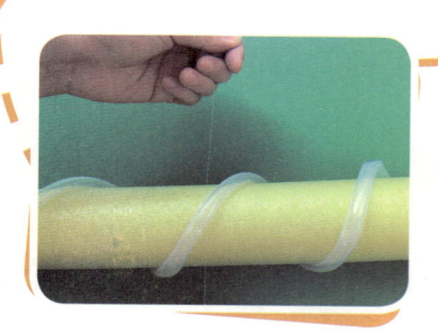

② 将橡胶管均匀缠绕在泡沫棒上。

③ 用鱼线在橡胶管的终点打结，并固定到泡沫棒上。

④ 为了更牢固，用鱼线在橡胶管的中间部分进行固定，可以多固定几处。

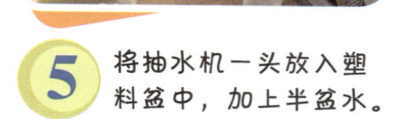

⑤ 将抽水机一头放入塑料盆中，加上半盆水。

⑥ 转动抽水机，便可将水抽上来，可以多人同时进行抽水比赛。

项目 5 科学领域玩教具制作

案例三：关于水——旋转的小花（中班）

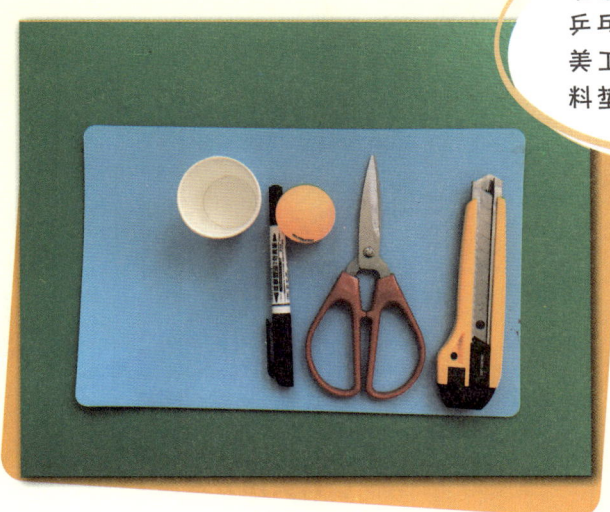

准备材料：乒乓球、记号笔、美工刀、剪刀、塑料垫板

① 用美工刀将乒乓球沿着中线割开。

② 选取没有中线的半个乒乓球，用剪刀剪出牙齿形状。

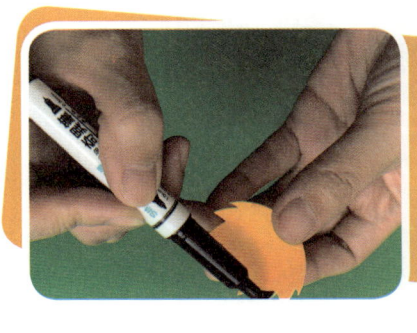

③ 用记号笔画上一些图案，变成小花。

④ 用手指蘸取一滴水放在垫板上，将乒乓球放在水滴上。

⑤ 左右摆动垫板，小花就会转动起来。

131

幼儿园 玩教具制作与活动指导

案例四：关于声音——听诊器（中班）

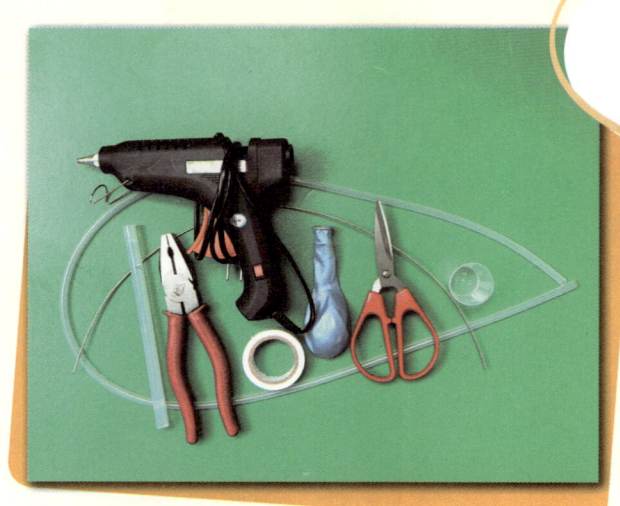

准备材料：
老虎钳、剪刀、橡胶胶带、胶枪、胶棒、铁丝、橡胶管、一次性药杯、气球

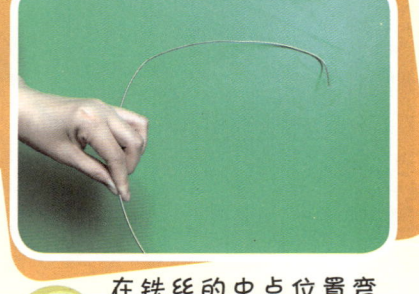

① 在铁丝的中点位置弯曲90度，再将铁丝的两头部分弯曲90度。

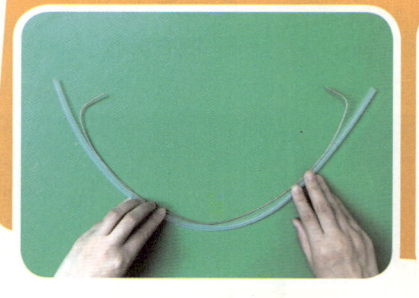

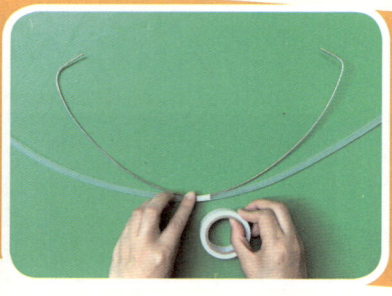

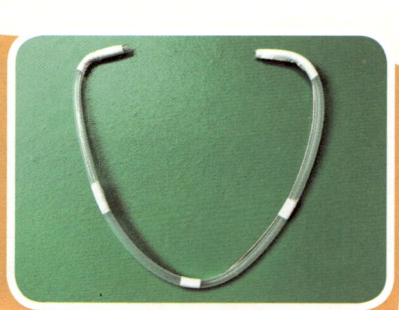

② 将橡胶管固定到铁丝上，先固定中间，再固定两边。

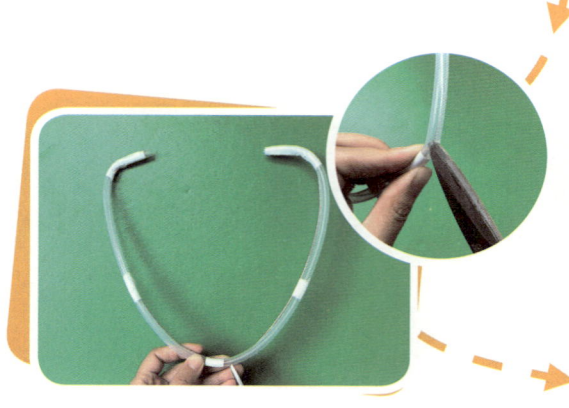

③ 在橡胶管的中点位置剪一个口子。

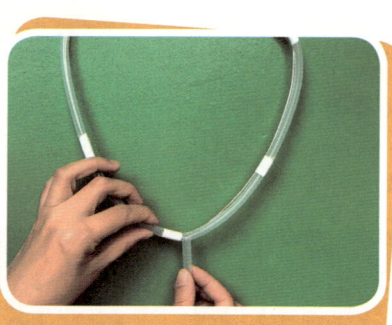

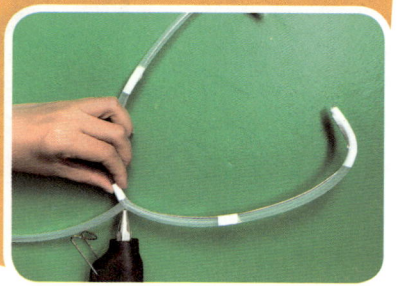

④ 插进一根橡胶管，用胶枪固定。

132

项目 5　科学领域玩教具制作

5 用胶枪在听筒口封口，避免橡胶管口伤害耳朵。

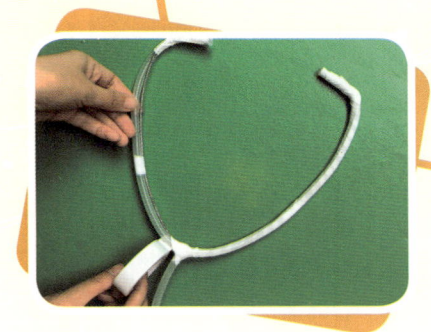

6 用胶带完整固定橡胶管和丫形位置。

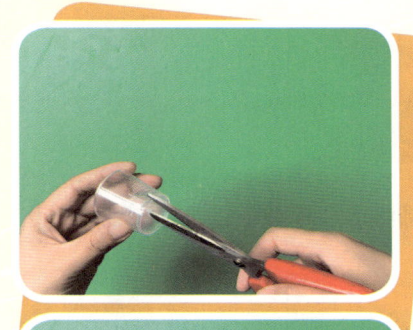

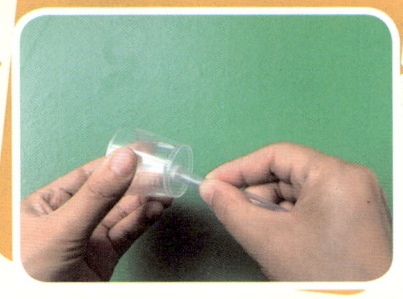

7 用剪刀在一次性药杯的底部钻一个孔，钻到和橡胶管差不多的宽度。

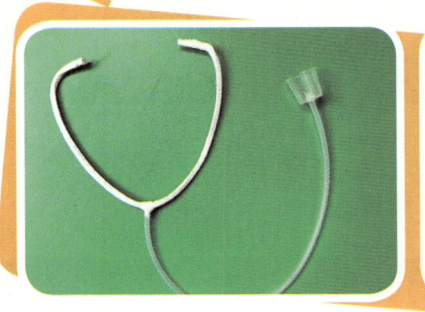

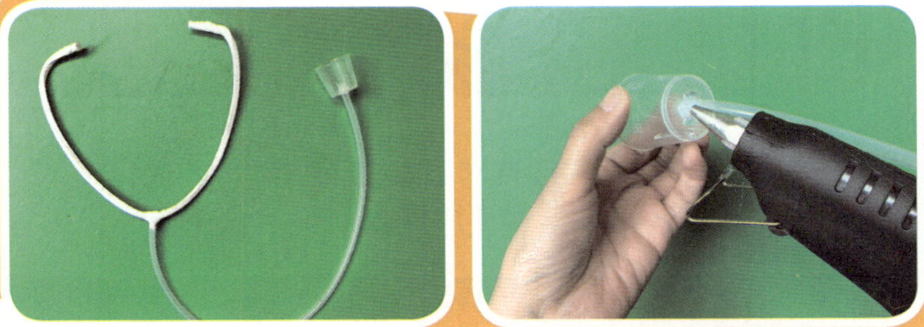

8 插入橡胶管并用胶枪固定。

9 剪下气球的底部部分。

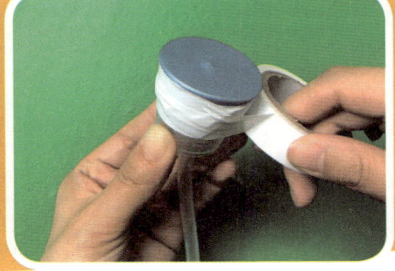

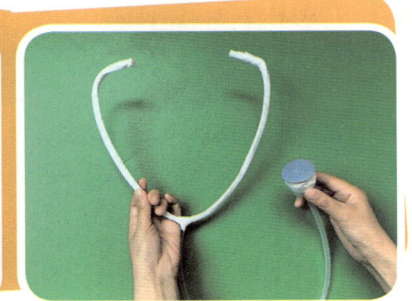

10 将气球绷紧扣在药杯口，并用胶带固定。

133

幼儿园　玩教具制作与活动指导

案例五：关于空气——空气迫击炮（大班）

准备材料：A3塑封膜、塑封机、A4纸、乒乓球、塑料盆容器、吹风机

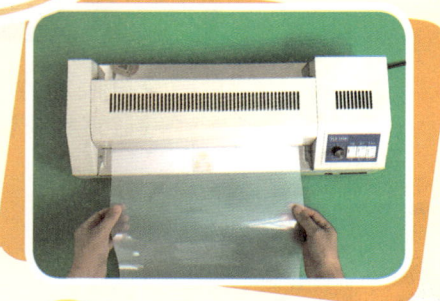

① 将A3塑封纸塑封好，形成较硬的、透明的薄膜。

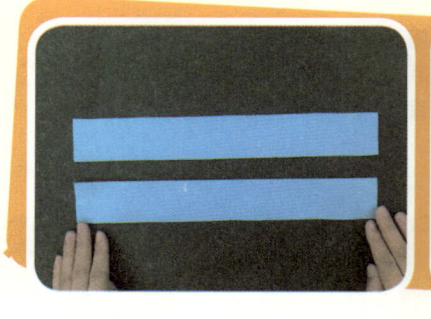

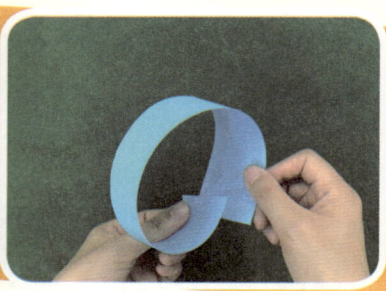

② 将A4纸剪成两条长度相等的纸条，并首尾相接粘成纸环。

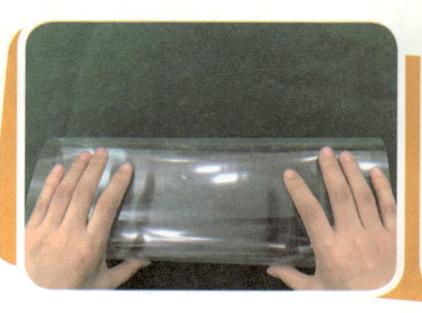

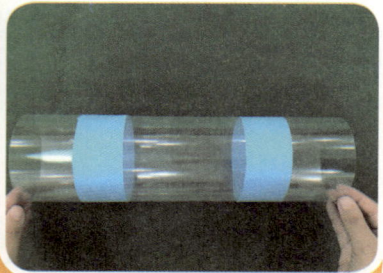

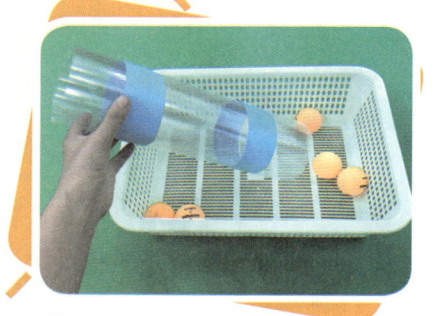

③ 将塑封膜卷成筒状，用纸环套进去扣住两头，固定成一个透明圆筒。

④ 将乒乓球散放在容器内，透明圆筒45度角斜放。

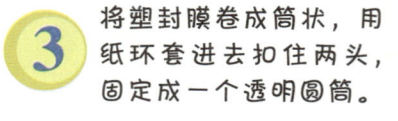

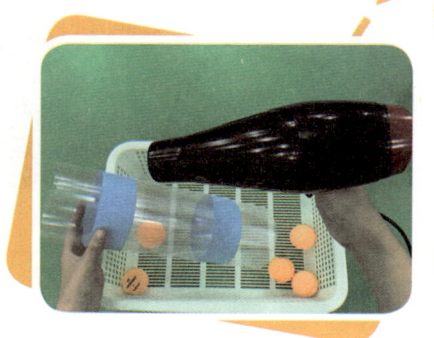

⑤ 用吹风机顺向吹圆筒的上方口，可以将容器内的乒乓球向上吸入，并飞出去。

134

项目 5　科学领域玩教具制作

案例六：关于磁性——钓鱼（小班）

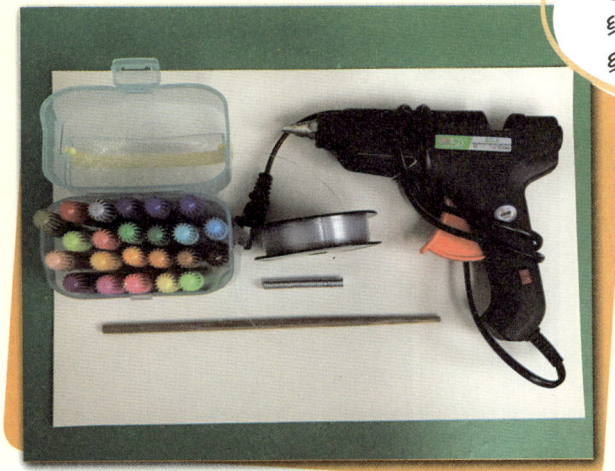

准备材料：画笔、较硬的卡纸、吸铁石、鱼线、废旧筷子

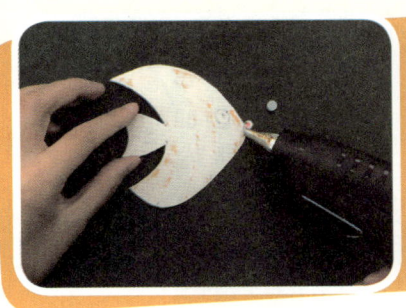

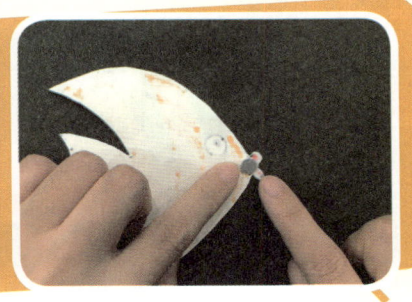

② 将小鱼反面朝上，把吸铁石固定在小鱼的嘴巴（反面）部位。

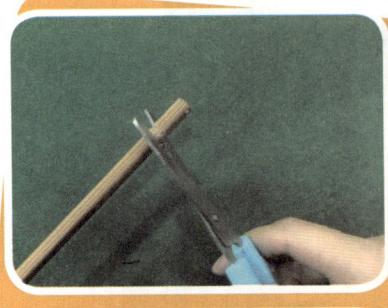

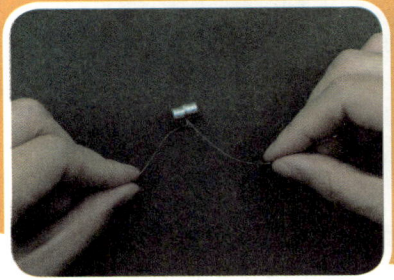

① 在硬卡纸上画上小鱼的形象，涂上颜色，并沿轮廓剪下来。

③ 在筷子的一头，用剪刀刻一个凹槽，防止鱼线滑落，将鱼线的一头固定在筷子上，另一头绑上吸铁石。

135

案例七：关于电磁——起舞的蝴蝶（大班）

准备材料：
铜线、电池、磁铁（磁力强一点的）等

① 将铜丝从中心点对折，两边凹成蝴蝶的翅膀形状。

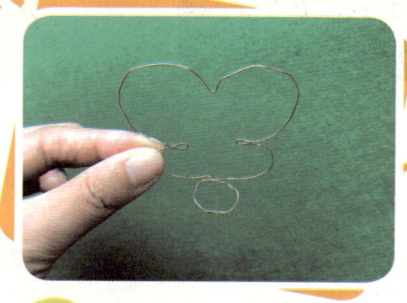

② 在铜丝的连接处，做出"○"的形状。

③ 把磁铁吸附在电池的"—"级，朝下摆放。

④ 将做好的"蝴蝶"中心点摆放在"+"级，"○"套到磁铁处，蝴蝶出现旋转现象。

⑤ 运用相同的电磁感应原理，可以制作类似的旋转造型，如螺旋状。

项目 5 科学领域玩教具制作

案例八：关于力——鸡蛋不倒翁（小班）

准备材料：
鸡蛋、螺帽、蜡烛、开水、彩纸、剪刀、画笔、双面胶

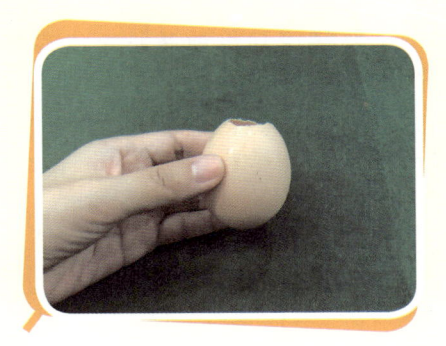

① 选一个较大的生鸡蛋，在尖的一头敲一个小洞，取出蛋白蛋黄，并将鸡蛋壳内部用清水洗干净。

② 装进螺帽，增加蛋壳的重量。

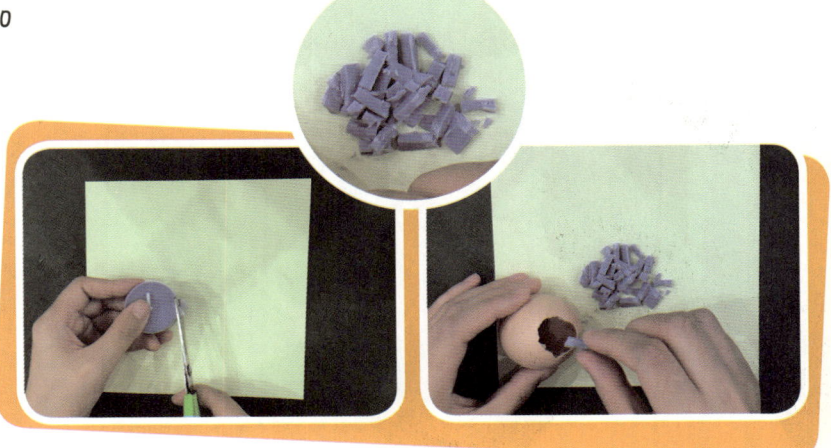

③ 将蜡烛用剪刀剪成蜡末，装进鸡蛋壳内。

137

幼儿园 **玩教具制作与活动指导**

④ 倒入少量开水，使蜡末融化，用蜡烛底托托住鸡蛋壳，使鸡蛋壳保持直立状态。

⑤ 待蜡末冷却后，会将螺帽固定在鸡蛋壳的底部。

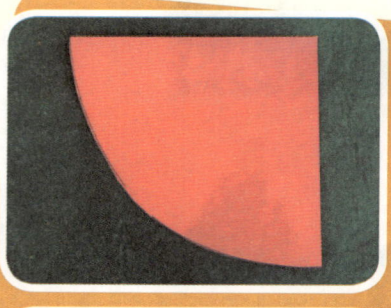

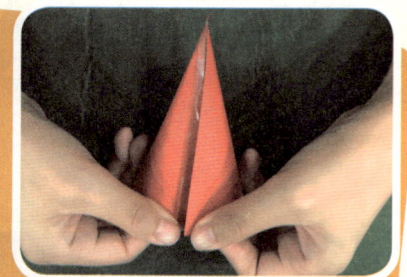

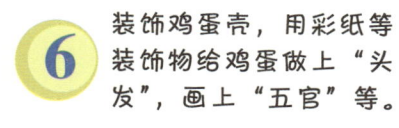

⑥ 装饰鸡蛋壳，用彩纸等装饰物给鸡蛋做上"头发"，画上"五官"等。

项目 5 科学领域玩教具制作

案例九：关于光影——老虎进笼（中班）

准备材料：
一次性筷子、硬卡纸、画笔、双面胶、剪刀

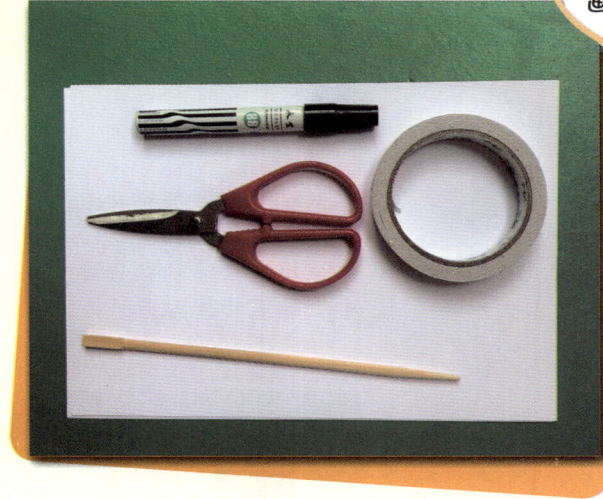

① 将A4硬卡纸裁剪成1/4大小的两张。

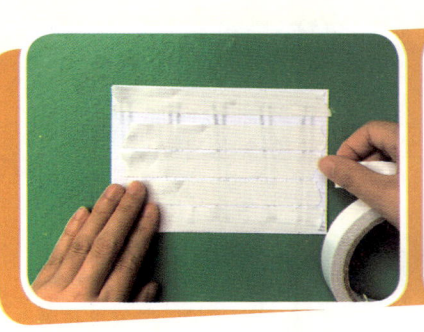

② 在其中一张画上一只老虎，在另外一张上画上一个笼子，注意笼子要比老虎大一点。

③ 在反面贴上双面胶，固定筷子的位置。

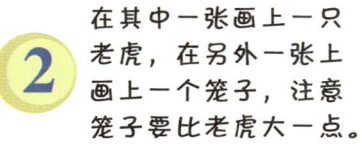

④ 合上另一片硬卡纸。

⑤ 用手掌搓动筷子，使硬卡纸转动起来，就能看到"老虎进笼"的现象了。

139

幼儿园 玩教具制作与活动指导

案例十：亲子创意制作——自制投影仪

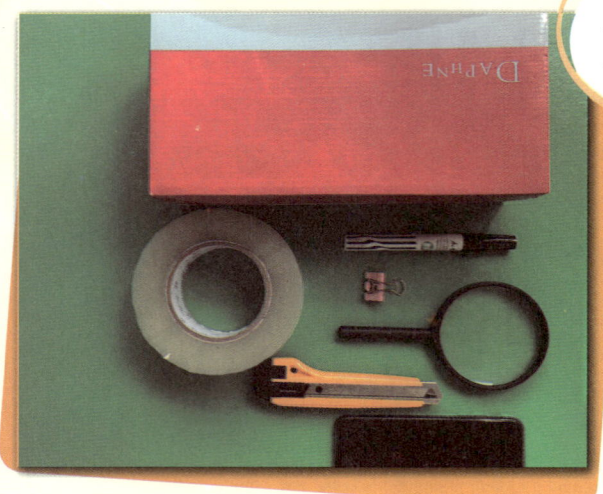

准备材料：手机、鞋盒、放大镜、夹子、记号笔、胶带

① 将放大镜的柄去掉，取下镜片部分。

② 将鞋盒的内部和鞋盖涂成黑色。

③ 在鞋盒的一头，挖一个比放大镜略小的圆形。

④ 将放大镜用胶带固定在圆形位置。

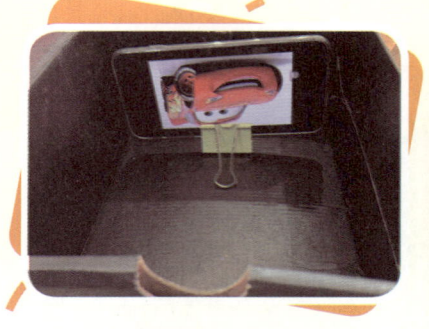

⑤ 手机播放视频，放置到鞋盒内，屏幕朝向放大镜倒立摆放。

⑥ 盖上鞋盖，在黑暗的屋子里进行投影（此教具用于说明凸透镜成像原理，清晰度并不是很理想）。

140

阅读屋

浅谈自制玩教具在幼儿园科学探究中的应用

幼儿园教育中，科学教育占有很重要的地位，对于发展幼儿的认知能力、提高思维水平有特别重要的意义。《幼儿园教育指导纲要（试行）》指出："幼儿园的科学活动重在激发幼儿的好奇心和探究欲望，发展认知能力。"探索是儿童的本能，好奇、好探究是儿童与生俱来的特点，"以探究精神和实践能力为重点，引导幼儿建立新的学习方式"是我国当前基础教育课程改革力图有所突破的一个重要方面，而探究性学习是新的学习方式中一个重要的学习方式。

在幼儿园科学教育活动中，培养幼儿的探究学习离不开玩教具和操作材料。但是对于一些办园条件较差、玩教具缺少的幼儿园来说，就需要教师根据实际情况和教育教学工作的需要因地制宜、就地取材为幼儿制作玩教具。这样可以为幼儿创造更适宜的游戏和学习条件，促进幼儿的学习和发展，也为直观教学提供条件，使抽象的知识形象化，激发幼儿的好奇心和探究兴趣，发现并培养幼儿的科学潜能，萌发幼儿热爱科学的情感。在实际教育活动中，笔者有以下几点感触。

一、自制教玩具直观、明显，使抽象的知识形象化，能激发孩子的好奇心和探究兴趣

科学知识是很抽象的知识，如果单凭讲解，对于幼儿园的孩子来说很难理解。这样的活动教师很累，孩子也不感兴趣。如果在活动中添加玩教具，就会使抽象的知识形象化，便于孩子理解，激发孩子的好奇心。例如，在幼儿园大班科学活动《各种各样的计时器》中，幼儿对于日晷、沙漏、油漏等古代计时器不了解，确切地说幼儿根本就没见过，如果单凭老师讲，孩子根本无法理解。于是教师制作了日晷、沙漏、油漏等教具：日晷是用胶带、即时贴把7个奶粉桶绑在一起制成轮子，在轮子的平面上粘上KT板，再用海绵纸进行装饰。然后用即时贴在海绵纸上贴上刻度和数字，中间插上一个纸棍，再根据当地所处纬度做一个三脚架支起日晷。这样不仅可以进行计时器的教学，还方便滚动。沙漏、油漏是用两个塑料瓶瓶口相对制成的，里面装上沙土或液体，把瓶盖连在一起，在瓶盖上打上几个小孔。虽然这些

141

玩教具制作简单，但是能把抽象的知识具体化、形象化，使幼儿很好地掌握这方面的知识，也激发了幼儿的好奇心和探究欲望，取得了很好的教学效果。

二、自制玩教具在教育活动中的应用，有利于促进幼儿的学习与发展，培养幼儿主动探究、获取知识的能力

探究性学习是一种积极的学习过程。教师给予孩子一定的活动环境和材料，让孩子在学习过程中自己探索问题，教师加以引导，以此促进幼儿的自主学习，同时也培养了孩子的合作意识。例如在进行《分离》这一活动时，教师为孩子提供活动环境和材料，用各种桶和电钻自制了不同大小孔的筛子，让孩子自己想办法把混合在一起大小不同的各种种子分离出来。在这次活动中，老师是活动的支持者、合作者和引导者。在《物体的滚动》这一活动中，我们向孩子提出了问题：物体在哪儿滚动得快？什么样表面的物体滚动得快？让幼儿去猜想和验证，探究物体在不同材质上的滚动，感知会滚动物体的原因及特征，培养幼儿探索科学的兴趣和关心周围事物的情感，激发幼儿对科学的兴趣。

三、为幼儿自制玩教具，让他们在科学试验中去探究，获取知识

自制玩教具既直观又漂亮，不仅能增强实验教学效果，而且能开拓、更新和丰富教具，填补现行教学仪器的不足，推进教育教学的改革。在科学活动《颜色变变变》中，我们用饮料瓶自制了玩教具，让幼儿亲自去试验，认识三原色以及各颜色之间的变化，还让幼儿探究两种不同颜色混合在一起有什么变化，从而了解五颜六色的色彩变化。在自制玩教具《连通器》中，幼儿不仅认识了连通器的原理及结构，还通过试验验证了小球能在水中浮起来，以及感知了水的流动等。在这些活动中，教师为幼儿提供自制玩教具，放手让幼儿大胆去操作，让他们自己去发现问题、提出问题、解决问题，培养了幼儿的创新意识，促进了幼儿的主动发展，同时也调动了孩子们的积极性和主动性，培养了幼儿热爱科学的情感。

总之，自制玩教具在幼儿园科学探究活动中的作用很大。教师根据活动需要自行设计，和孩子一起制作，设计材料易得，玩教具实用性强，制作时注重材料的自然性、操作性、功能性、层次性、可变性和耐用性；集环保、节约、安全、审美、教育和探究等特点为一体，能充分体现幼儿在学中玩、玩中学的教育理念。孩子们玩起来兴趣浓厚，便于掌握知识，不但节约了资金，降低了成本，同时也能转变我们的教育理念，更新我们的教学观念和教学方法，提高我们的专业化发展，促进自主学习、增强孩子的创新意识和探究精神。[①]

[①] 甄会兰. 浅谈自制玩教具在幼儿园科学探究中的应用 [J]. 都市家教，2013（3）：233.

小班科学活动：神秘的听音筒

活动目标

1. 通过感受听筒内声音的大小，尝试辨别里面的物品。
2. 了解声音的不同，是因为材料的不同产生的效果。

活动准备

大米、绿豆、芸豆、黄豆、不透明的牛奶瓶、不干胶。

活动过程

1. 引入部分

出示四种材料，引导幼儿进行观察，可以摸一摸感受一下每一种物质。

2. 制作部分

（1）教师现场制作"听音筒"，将四种材料分别装入四个牛奶瓶中，建议材料可以留下一部分，用于帮助幼儿记忆和比较。

（2）用不干胶封住牛奶瓶的口子。

3. 幼儿体验

（1）请幼儿依次拿起牛奶瓶，在耳边摇一摇、听一听。

（2）请幼儿大胆猜测，瓶子里分别装的是哪种材料。

（3）引导幼儿跟盘子里的剩余材料进行比较，进一步确认瓶子里的材料。

4. 猜瓶游戏

老师用语言引导，比如"谁能帮我找到装有大米的瓶子？"然后由幼儿通过听音来辨别哪个是装有大米的瓶子，拿给老师，老师可以打开不干胶的盖子和幼儿一起验证。

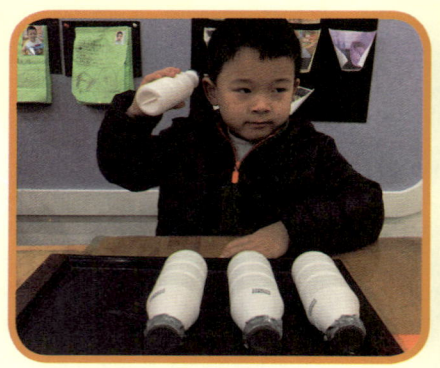

中班科学活动：生鸡蛋和熟鸡蛋

活动目标

1. 激发幼儿探索身边事物的兴趣。
2. 探索区别生鸡蛋和熟鸡蛋的方法，培养幼儿比较观察的能力。
3. 会区别生鸡蛋和熟鸡蛋，并能用语言表达他们的不同。

活动准备

经验准备：吃过鸡蛋。

物质准备：生鸡蛋和熟鸡蛋的图片，每人一个生鸡蛋和一个熟鸡蛋，大筐子。

活动过程

1. 引入部分：出示图片——鸡蛋

教师："小朋友们，老师不小心把生鸡蛋和熟鸡蛋弄混了，请你们帮老师想办法找出哪个是生鸡蛋，哪个是熟鸡蛋吧，但是千万别把我的鸡蛋弄破哦。"

2. 探索部分

（1）幼儿自主尝试。

教师引导：每个盘子里都有一个生鸡蛋和一个熟鸡蛋，请你闻一闻、看一看、摸一摸、晃一晃、转一转。

（2）请幼儿分享一下自己的操作体验。

（3）幼儿以小组为单位继续进行尝试。教师："现在请你将区分出来的熟鸡蛋和生鸡蛋分别放在这两个筐子里。"

3. 交流部分

（1）幼儿表述区分生鸡蛋和熟鸡蛋的方法。

提问：你是用什么方法区分出来的？

（2）教师根据幼儿的答案，及时用简单的符号记录下来。

4. 结束部分

（1）总结区分生鸡蛋和熟鸡蛋的方法。

（2）幼儿品尝熟鸡蛋，了解其结构和营养价值。

（3）活动评价：从乐于参与活动、积极探索和回答交流等方面进行评价。

大班科学活动：万花筒

│活动目标│

1. 尝试制作简易的万花筒，感知反射的简单原理。
2. 通过玩一玩、看一看，对万花筒的变化产生探索的欲望。

│活动准备│

万花筒一个、镜子、彩色小珠子、不干胶、透明纸。

│活动过程│

1. 引入部分

教师出示成品万花筒，请幼儿观察一下里面的画面，并用语言表达一下自己看到的景象。

2. 观察部分

（1）教师先出示一面小镜子，请幼儿将手指放在镜子前面照一照，"你发现了什么？有几个手指？"

（2）再增加一面小镜子，与第一面小镜子成60度，面对面挨着摆放，再请幼儿将手指照一照，"现在手指的数量有什么变化？"

3. 尝试制作

（1）用不干胶黏住镜子的背面，将三面镜子黏成三棱镜，镜面相对。

（2）剪一些彩色亮片纸的碎片，混合多种颜色。

（3）将彩色纸片放到三棱镜的中间，两头用透明纸包起来。

4. 分享成果

（1）每一位幼儿观察自己的万花筒，尝试用手把透明纸蒙起来看看是什么效果？尝试在阳光下看万花筒是什么效果？

（2）鼓励幼儿与他人交换万花筒进行观察，看看别人的花纹有什么不一样的变化，互相体验成功的喜悦。

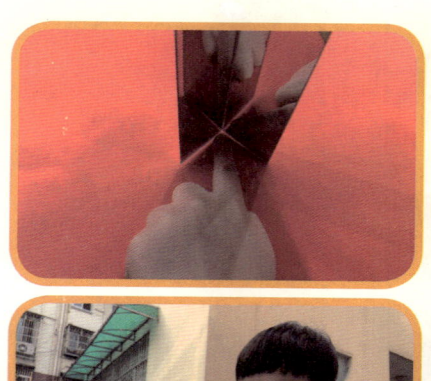

项目 6 艺术领域玩教具制作

学海导航

▎知识目标▎ 了解各种艺术的表现形式。

▎技能目标▎ 具有初步的艺术表现与创造能力，能够制作简单的艺术领域玩教具。

▎情感目标▎ 喜欢进行艺术活动并大胆创造，培养对艺术的热爱之情。

模块一　基础知识

一、艺术领域玩教具概述

著名雕塑家罗丹曾经说过："世界上不缺少美，而是缺少发现美的眼睛。"幼儿园艺术领域活动可以分为美术和音乐两部分。美术教育活动的意义在于，通过美术活动培养孩子们的审美意识和对美的感知能力。音乐教育活动的意义则在于培养孩子音乐欣赏以及感受力。教育活动中艺术类玩教具以寓教于乐的方式，让幼儿在游戏中快乐地学习，体验和感受生活的美好，实现孩子们表现美、创造美、表达自己真实情感的美好愿望。

艺术领域的玩教具主要分为美术类玩教具和音乐类玩教具。

美术类玩教具是指，教师借助一定的美术媒介（如纸、布、塑料、木材、金属、综合材料等），依据美观与实用相结合的设计原理，通过美术手段设计制作而完成的平面、立体玩教具，是集游戏、娱乐、竞赛、教学功能于一身的工具，是促进幼儿身心健康发展的游戏娱乐工具。

音乐类玩教具，按照表达方式可分为声乐类玩教具和器乐类玩教具两大类。声乐类玩教具的主要特点是能够发出声音和声乐；器乐类玩教具的特点是能够模仿乐器进行演奏。声乐类玩教具根据其形式、风格的不同分成歌曲类玩教具、戏曲类玩教具、歌剧类玩教具等形式。

艺术类玩教具主要有撕贴型玩教具、装饰画作玩教具、折纸类玩教具、表演类玩教具、废旧物利用玩教具等。

1. 撕贴型玩教具

撕贴型玩教具主要是针对小班年龄段的孩子，它是一种帮助孩子锻炼手指肌肉力量的玩教具，主体材料十分简单，就是纸。

2. 装饰画作玩教具

装饰画作玩教具是指孩子通过已有的审美感知进行创作。比如"滚珠画"玩教具，通过简单操作，孩子能够对比感受到颜色搭配的和谐美，增强对颜色的敏感性。

3. 折纸类玩教具

折纸类玩教具是指孩子通过观察看懂步骤图，尝试将纸裁剪折叠从而创造美的事物。比如幼儿园美工区的"花艺坊"，幼儿按照步骤图自己制作花束，感受花的美丽的同时可以促进同伴之间的合作和沟通。

4. 表演类玩教具

表演类玩教具是指可以用来参与舞台表演的玩教具。例如，"背带鼓""自制手摇铃""舞台服装——钢铁侠""皮影戏"，这些都是孩子可以参与制作并且实现舞台表演作用的玩教具。

5. 废旧物利用玩教具

废旧物利用玩教具是指收集生活中可回收利用的物品进行的创意制作。例如"纸盘创意"，将纸盘剪出动物的造型并进行艺术加工就是一件小小的工艺品；又如"纸袋创意"，生活中的纸袋经过再加工能够变成一件艺术品。所以，艺术源自创造，我们也希望传递给孩子的是艺术的想象。

二、艺术领域玩教具制作的教学意义

《幼儿园教育指导纲要（试行）》规定了幼儿园五大教育领域的基本内容、范畴、目标和要求。幼儿艺术教育的真谛落在了幼儿美育方面，可以概括为"发现美、理解美、表现美"。幼儿教师可以引导幼儿在美术类玩教具制作中广泛地发现、感受、认识一切美好的事物；引导幼儿积极思考、理解、感悟一切美的因素；帮助幼儿用美术的方式，尽情表达和表现对于美的感知。

音乐类玩教具就是将音乐与玩教具结合而成的一种新式玩具。幼儿在活动中可以借助音乐类玩教具发出的声音，形象大胆地创造出生动的"景象"，唤起幼儿综合思维活动。音乐需要通过表演来完成最后的创作，从这个角度讲，表演是幼儿对音乐类玩教具的二度创作。音

项目 6 艺术领域玩教具制作

乐表演者要根据音乐作品情感张弛有度、抑扬顿挫、层次分明、强弱快慢的需要，将一定的形象和丰富的情感表达出来。所以说，音乐类玩教具要兼顾音乐的表演特征。音乐类玩教具具有优美动听的声响，能够满足幼儿对声音律动和节奏的兴趣，在愉悦的氛围中欣赏并实现对其感情和审美的教育。

模块二　艺术领域玩教具的筛选、运用与指导

一、艺术领域活动中玩教具的筛选

艺术领域的玩教具包含美术和音乐两个方面。《幼儿园教育指导纲要（试行）》中指出，艺术领域的总目标是让孩子在艺术创作过程中，能够发现美、创造美和表现美。艺术领域的玩教具不一定是特别复杂的操作工具，关键在于激发孩子的自我创造欲望，能够吸引孩子，从而使孩子能够自由表达自己的感受，发展审美情感体验和表达能力，促进孩子人格的完善。

实例链接

幼儿园美术区中，老师投入了新的材料——几片秋天的落叶，它们有各种各样的形状，有的像手掌，有的像小船，有的像扇子，有的像蝴蝶。共同认识了树叶的形状之后，幼儿萌发了树叶映画的想法，并与同伴积极交流创作。

音乐角，孩子们坐在一起，有的手拿摇铃，有的头上挂着锣鼓，跟着播放器音乐找着自己的节奏，感觉自己都是小小的音乐家，能够演奏出世界上最好听的乐曲。

二、艺术领域活动中玩教具的运用与指导

幼儿期是获得艺术表现能力、创造力的最佳时期，幼儿可以通过感受生活中的色彩、形状、声音等来创造性地表达自己的情感体验，创造性地表达对事物的理解。幼儿园的艺术教育主要是针对幼儿开展的音乐、美术等的教育。

149

幼儿的思维是相当开阔的，伴随着想象力和思维能力的提升，他们不再仅仅停留在欣赏艺术形式和作品的阶段，而是能够根据一定的目的和任务，运用掌握的信息，积极开展思维活动，产生出某种新颖、独特，带有明显个人特色或价值的产品，这种能力就是我们通常所说的创造力。在幼儿期，幼儿对各种艺术形式都表现出极大的热情，教育工作者应把握这个契机，积极推动幼儿艺术能力的发展。

1. 小班艺术领域活动中玩教具的运用与指导

小班艺术领域活动中玩教具的运用具体见表6-1。

表6-1 小班艺术领域活动中常见玩教具及其玩法

类别	游戏名称	发展目标	玩教具材料	玩法
创意画	手掌画	激发幼儿想象力	颜料、色纸、记号笔	用手掌沾颜料拓印在色纸上，并用记号笔进行添画
手工画	撕贴画	锻炼幼儿手指的灵活性	若干形状不同的图片、彩纸、胶棒	将彩纸撕成小碎屑，用胶棒贴在图形内
印画	彩色影子	对色彩、图形的感知	纸、彩色印泥、滚筒拓印、不同图形的印章	幼儿选择拓印工具，在纸上进行拓印
	水果蔬菜拓印	锻炼手指灵活性	各类切开的水果蔬菜、颜料、白纸	将各类水果蔬菜的横截面沾上颜料拓印在白纸上

续表

类别	游戏名称	发展目标	玩教具材料	玩法
打击乐	七彩音乐瓶	根据每个瓶子发出的声音弹奏简单的音乐	小瓶子，不同颜色的水	幼儿自由弹奏音乐

小班幼儿因为年龄尚小，手指的精细动作发育还不完善，在美术方面主要是靠大肌肉的力量去完成一幅作品。此时在材料的选择上，以能够直接呈现现象的作画方式吸引幼儿的兴趣，进一步启发幼儿创造想象的能力；音乐方面，引导幼儿愿意去尝试并倾听美妙的声音。

2. 中班艺术领域活动中玩教具的运用与指导

中班艺术领域活动中玩教具的运用具体见表6-2。

表6-2　中班艺术领域活动中常见玩教具及其玩法

类别	游戏名称	发展目标	玩教具材料	玩法
手工制作	蝴蝶笔筒	发展幼儿小肌肉群的控制力	薯片筒、色纸、记号笔、扭扭绳、剪刀、双面胶、纸藤若干	根据步骤图制作笔筒
创意制作	矿泉水瓶DIY	幼儿自由发挥自己的想象、创意，DIY矿泉水瓶	空的矿泉水瓶、颜料、剪刀等	幼儿用现有材料对矿泉水瓶进行创意加工
绘画	画扇子	发展幼儿的想象力、创造力	各种空白的扇子、马克笔	引导幼儿进行装饰

续表

类别	游戏名称	发展目标	玩教具材料	玩法
纸藤装饰	纸藤画	发展幼儿的想象力、创造力	色纸、纸盘、衬衣盒、记号笔、剪刀、双面胶、纸藤若干	在纸盘或色纸上画上图案，贴上双面胶。在双面胶上缠上纸藤
打击乐	好听的打击乐	初步培养幼儿的节奏感	乐器、乐谱、乐曲	幼儿学会用乐器伴奏

中班正是幼儿创造力和想象力发展的时候，能够逐步感知周围环境和美术作品中的形式美和内容美，喜欢欣赏美的事物，发展审美和创造能力。在小班的基础上，中班幼儿要学习绘画和手工制作的多种方法，养成良好的美术活动习惯。

在音乐方面，幼儿要学习分辨音乐中比较明显的高低、快慢、强弱等音色变化，体验这些变化所表达的情感；学习使用肢体动作，感受和表现二拍子和三拍子音乐的不同情趣，初步了解音乐结构中的重复与变化的规律；体验倾听和观赏活动的快乐。

3. 大班艺术领域活动中玩教具的运用与指导

大班艺术领域活动中玩教具的运用具体见表6-3。

表6-3 大班艺术领域活动中常见玩教具及其玩法

类别	游戏名称	发展目标	玩教具材料	玩法
嵌画	彩泥嵌图	发展配色、压平的能力	彩泥、图形底板	将各色彩泥搭配颜色嵌入图内，注意不要太厚

152

续表

类别	游戏名称	发展目标	玩教具材料	玩法
手工制作	折纸	发展幼儿的观察力和动手能力	步骤图、色纸、记号笔若干	按照步骤图进行折叠
打击乐	打击乐器	了解各种乐器的使用方法，让幼儿喜欢表演	椰奶瓶、饼干盒、塑料瓶、一次性碗、小豆子、闪光纸、剪刀、双面胶、小铃铛、绳子等	幼儿利用自制乐器结合图谱进行表演
打击乐	美妙的声音	培养幼儿创造乐音的能力	PVC管、易拉罐、饼干盒、木棒、绳子等	通过音乐和乐谱尝试进行伴奏
艺术表演	炫丽舞台	锻炼幼儿舞台表现能力	各种不同角色的服饰、配饰	孩子们自由选择所需服饰进行表演

　　艺术是人类感受美、表现美和创造美的重要形式，也是人类表达自己对周围世界的认识和情感态度的独特方式。大班幼儿艺术领域学习的关键在于充分创造条件和机会，在大自然和社会文化生活中萌发幼儿对美的感受和体验，丰富其想象力和创造力，引导幼儿学会用心灵去感受和发现美，用自己的方式去表现和创造美。

模块三　对点案例

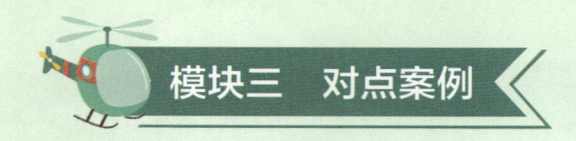

案例一：撕花装饰摆件

准备材料：各色卡纸、固体胶、枯树枝若干、花瓶一个

1 幼儿将卡纸撕成碎片，用固体胶粘在准备好的枯枝上。

2 将做好的花枝插在花瓶里就完工了。

项目 6 艺术领域玩教具制作

案例二：滚珠画

准备材料：
废旧物品盒、卡纸、色纸、铅笔、剪刀、直尺、勺子、玻璃珠、颜料、色盘、装水小容器

① 在卡纸上用直尺量出盒子底面的长和宽，并用剪刀将其剪下。

② 准备好调颜料的玻璃珠、勺子、颜料、色盘和水。将水和颜料进行混合，玻璃珠放入其中。

155

幼儿园 玩教具制作与活动指导

③ 将剪好的卡纸垫在盒子底部，再在卡纸上放色纸。

④ 用勺子选取已经蘸有颜料的玻璃珠，将其放入盒子内，双手握住盒子两端任其自由滚动。

⑤ 用勺子挑取不同颜色的玻璃珠进行搭配，一副简单美丽的滚珠画就完成了。

项目 6 艺术领域玩教具制作

案例三：背带鼓

准备材料：
铝制饼干盒、宽透明胶带、双面胶、彩带、亮光纸、黄色绸布、绳子、泡沫球两个、一次性筷子一双、剪刀、马克笔

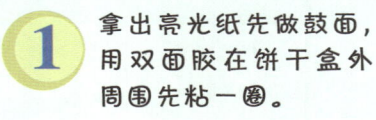

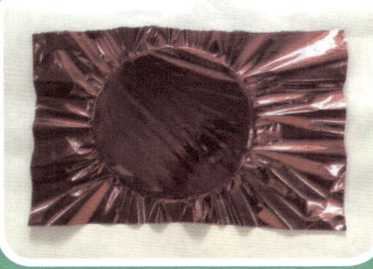

① 拿出亮光纸先做鼓面，用双面胶在饼干盒外周围先粘一圈。

② 将亮光纸平铺在饼干盒上，用手按压粘牢外圈一周。

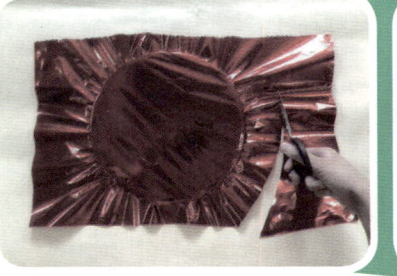

③ 用剪刀留边剪出一个圆形。

④ 在红色彩带的两头打上结，将鼓面盖上，一个鼓就基本完成了。

157

幼儿园　玩教具制作与活动指导

⑤ 用双面胶在鼓面外圈再粘一圈，用同等圆周长的金色彩带进行装饰。

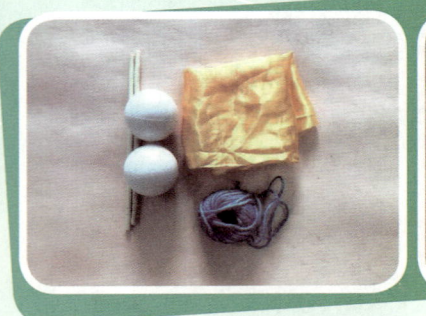

⑥ 准备好做鼓槌的材料。先将两只筷子分别插在两个泡沫球里面。

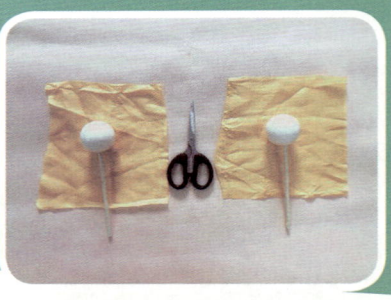

⑦ 用剪刀剪好两块正方形大小的绸布，用来包裹泡沫球。

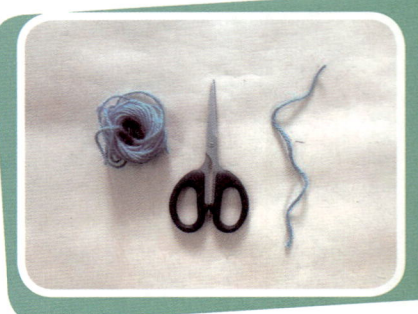

⑧ 用剪刀剪出合适长度的细线，将包裹泡沫球的绸布绑好即可。

⑨ 如图所示，一个漂亮的背带鼓就完成了。

158

项目 6 艺术领域玩教具制作

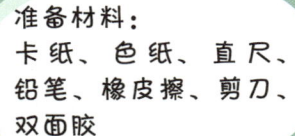

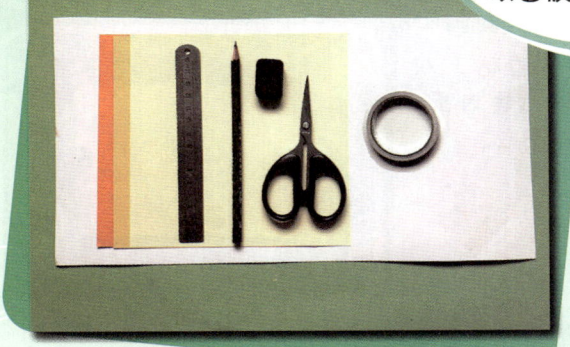

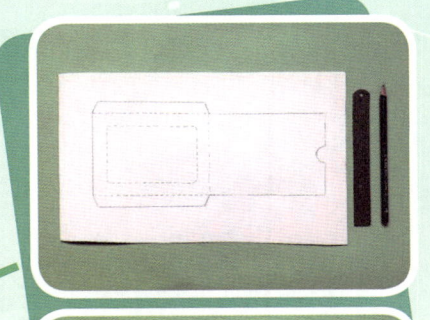

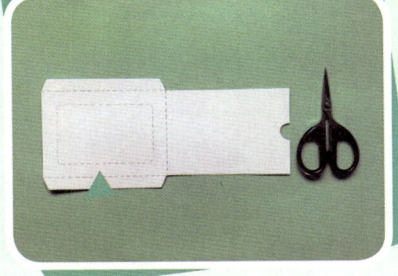

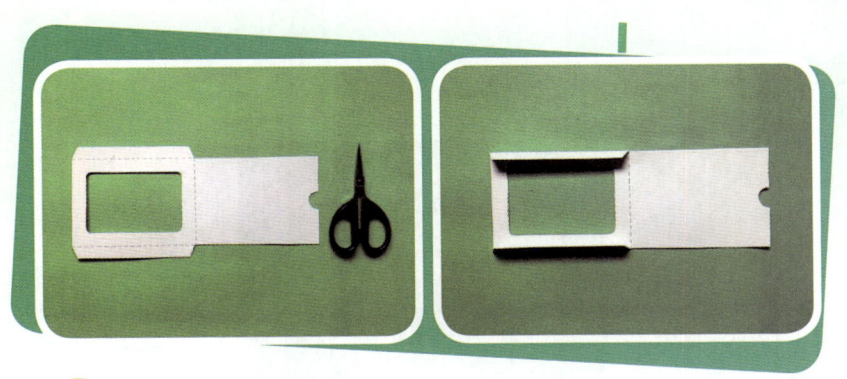

案例四：相框制作

准备材料：
卡纸、色纸、直尺、铅笔、橡皮擦、剪刀、双面胶

① 用直尺在卡纸上画出相框的形状，并用剪刀沿着直线剪下。

② 用剪刀进行镂空，将虚线处进行对折。

159

幼儿园 玩教具制作与活动指导

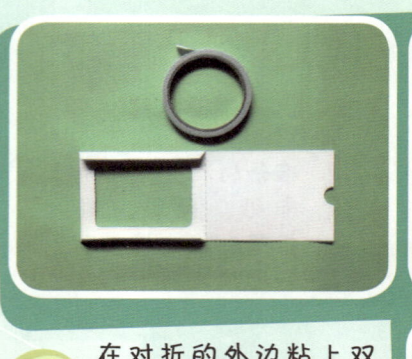

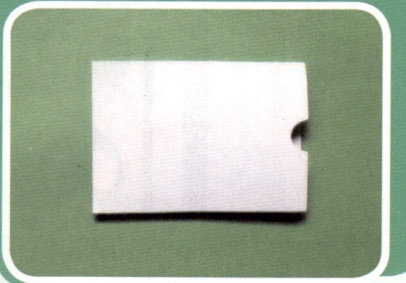

③ 在对折的外边粘上双面胶，将卡纸再对折，一个信封即完成。

④ 用色纸做几朵小花进行装饰，将照片插进去，一个简单漂亮的相框就完工了。

160

项目 6 艺术领域玩教具制作

案例五：自制手摇铃

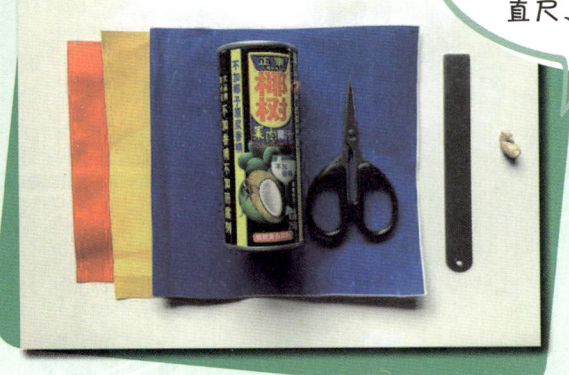

准备材料：各色即时贴若干、易拉罐、剪刀、直尺、小石头

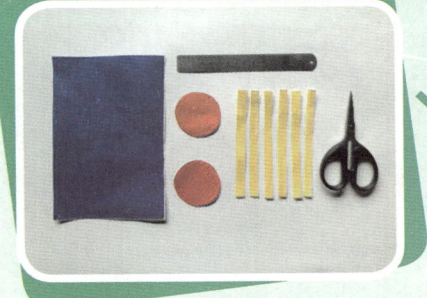

① 如图所示，剪出一个矩形蓝色即时贴包易拉罐瓶身，两个圆形红色即时贴包易拉罐的两头，若干黄色条状即时贴作为瓶身装饰。

② 用蓝色即时贴包住瓶身，用黄色即时贴装饰瓶身。

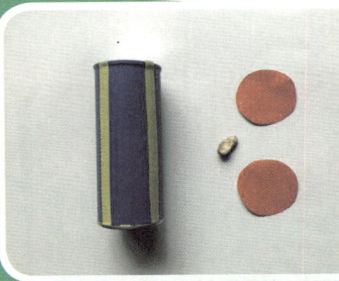

③ 将小石头放入瓶子里，用两片红色即时贴封口。

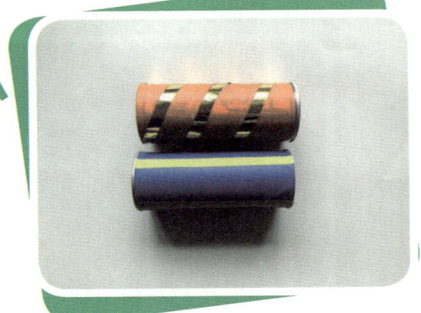

④ 为了美观，也可以用亮光纸作为瓶身装饰。瞧，一个简单的自制手摇铃就完成了。

161

幼儿园 玩教具制作与活动指导

案例六：纸盘创意

准备材料：泡沫纸若干、双面胶、铅笔、剪刀、大小纸盘各一个、纸杯一个

① 用剪刀将大纸盘边缘剪开。

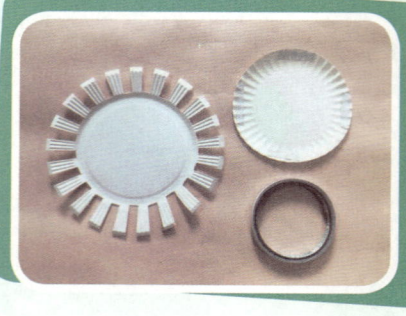

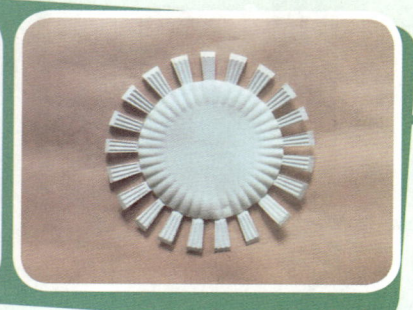

② 用双面胶将大小纸盘粘在一起。

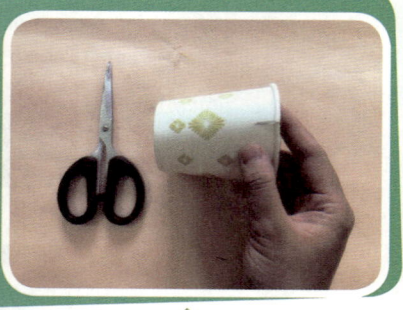

③ 用铅笔在纸杯口处画两根小短线，并用剪刀沿线将纸杯剪开。

④ 纸盘可以正好插在纸杯两个缺口处，并且能保持站立即可。

项目 6 艺术领域玩教具制作

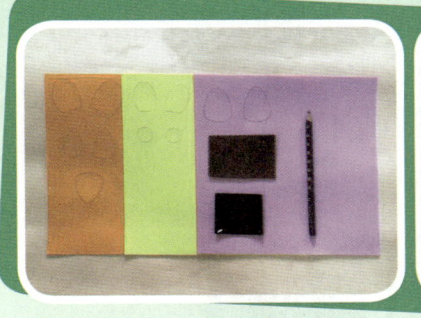

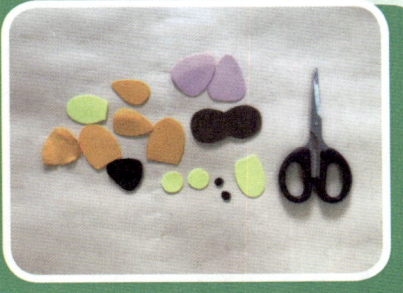

⑤ 在泡沫纸上画出小狮子的五官，并将其剪下。

⑥ 用双面胶将小狮子的五官进行组合。

⑦ 用剪刀剪出小狮子的尾巴，并在尾巴顶头粘上双面胶。

⑧ 将所有准备材料用双面胶固定在纸盘上，随后一个可爱的小狮子就呈现在我们面前了。

163

幼儿园 玩教具制作与活动指导

案例七：纸袋装饰——海绵宝宝

准备材料：各色卡纸、废旧纸袋一个、剪刀、直尺、马克笔、双面胶

1. 用直尺量出纸袋的长和宽，用马克笔画在卡纸上。

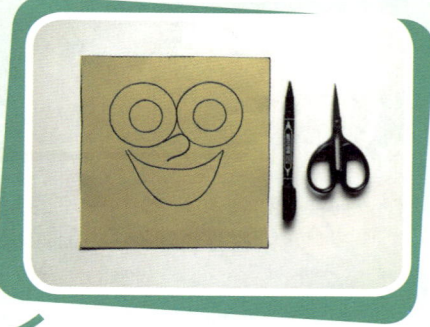

2. 将卡纸剪下，并在上面画出海绵宝宝的大概模样。

3. 根据需要，在对应颜色的卡纸上画出海绵宝宝的眼睛、嘴巴、衬衫和领结，随后将其剪下。

4. 用双面胶将各个五官进行粘贴组合。

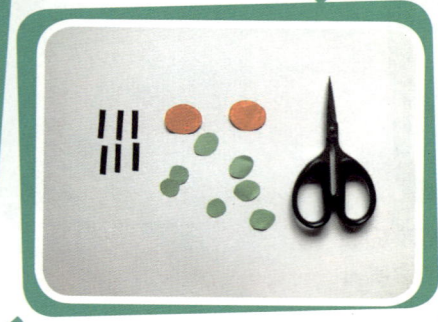

5. 用剪刀剪出海绵宝宝的睫毛、腮红和脸上的泡泡印。

6. 将所有准备好的材料用双面胶固定在纸袋上，一个独特的海绵宝宝手提袋就完工啦。

164

项目 6 艺术领域玩教具制作

案例八：手工花朵

准备材料：双面胶、剪刀、铅笔、皱纹纸、花茎

1. 剪出三片圆形做花瓣。

2. 将其中一片圆对折再对折。

3. 用剪刀在折好的锥形底部剪下一点，并将锥形的半圆处打碎，打开锥形后如图所示。

165

幼儿园 玩教具制作与活动指导

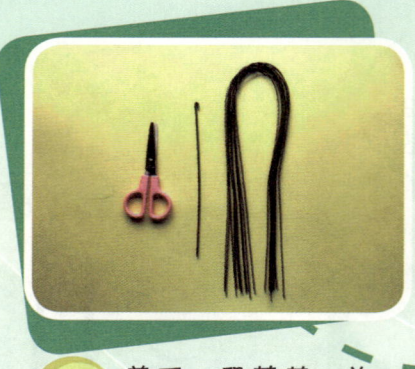

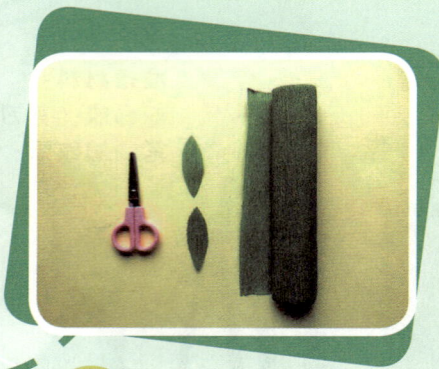

4 剪下一段花茎,并将一头弯曲。

5 用剪刀剪下两片叶子。

6 用双面胶将叶子与花茎进行组合。

7 最后将花瓣套在花茎上,并用双面胶固定即可。

8 看,将做好的花束插在花瓶里是不是很美呢？

166

项目 6　艺术领域玩教具制作

案例九：舞台头饰——小老虎

舞台头饰的制作选材极其丰富，既可利用卡纸快速制作，也可以利用不织布精心设计，制作较为简单，且实用性强。对于教师而言，它是舞台上让孩子进行角色扮演的最好承载物。

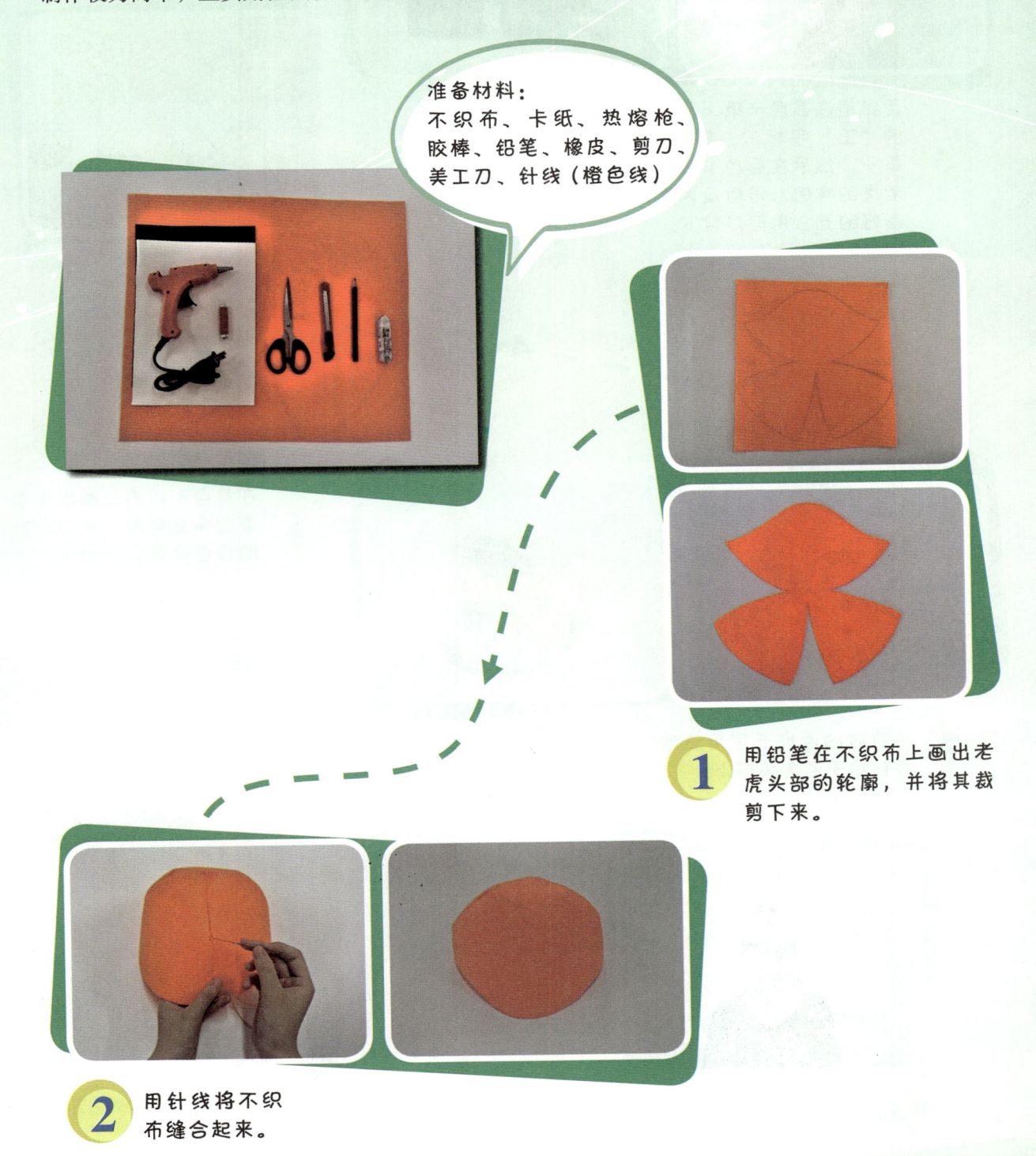

准备材料：
不织布、卡纸、热熔枪、胶棒、铅笔、橡皮、剪刀、美工刀、针线（橙色线）

① 用铅笔在不织布上画出老虎头部的轮廓，并将其裁剪下来。

② 用针线将不织布缝合起来。

167

幼儿园 玩教具制作与活动指导

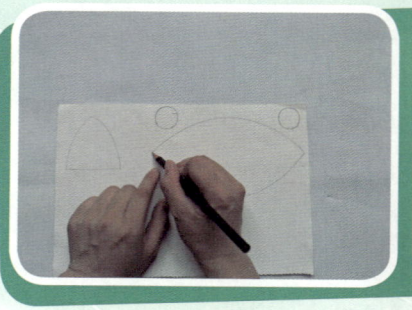

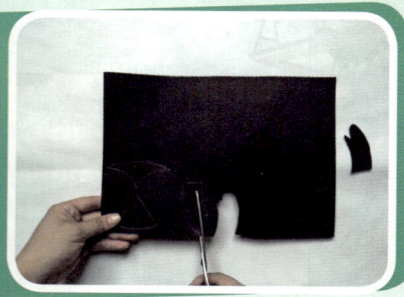

③ 用铅笔在黑色卡纸上画出小老虎的"王"字标识、鬓须、眼珠、鼻子，然后在白色卡纸上画出小老虎的嘴巴、眼白及内耳朵，把画好的五官用剪刀剪下。

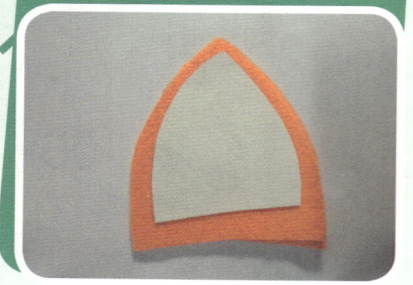

④ 在黄色不织布上画出小老虎的外耳轮廓，并与之前的白色内耳粘贴组合。

⑤ 将剪好的老虎五官用热熔枪粘贴于老虎头饰上。

⑥ 一个小老虎头饰就做好了。

168

项目 6 艺术领域玩教具制作

案例十：舞台服装——钢铁侠

准备材料：
热熔枪、胶棒、不织布、剪刀、松紧带、马克笔、直尺、卷尺、针线、魔术粘贴、钢铁侠的胸章标志

① 用剪刀剪出如图所示的衣服形状。

② 剪出两条带子作为衣服装饰，用热熔枪粘贴在衣服的正面。

③ 将衣服的两边肩膀处缝合，折好后用针线将衣服后面的开口缝合。

④ 剪出钢铁侠面罩的形状。

169

幼儿园 玩教具制作与活动指导

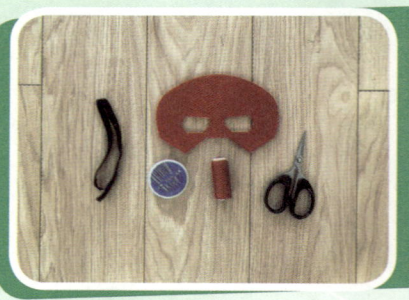

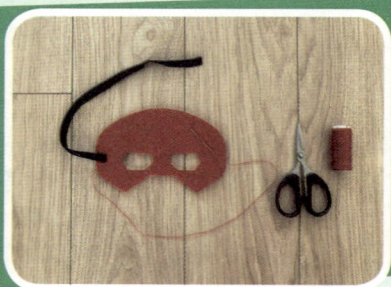

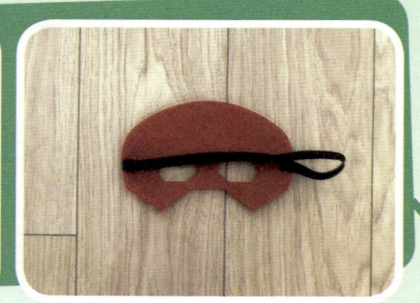

5 准备好做面罩的材料，用针线将松紧带缝在面具两边。

7 剪下一条不织布作为钢铁侠的腰带，在腰带的正反两边缝上魔术粘贴方便穿脱。腰带正面用热熔枪粘上钢铁侠的标志。

6 用热熔枪将面具材料组合后，钢铁侠帅气的面具就完工了。

8 同理，制作出钢铁侠的手环、脚环。

9 完整的钢铁侠服装就完成了，小朋友特别喜欢，穿上也特别神气呢。

170

阅读屋

浅谈幼儿园艺术领域教学策略

《幼儿园教育指导纲要（试行）》（以下简称《纲要》）将艺术教育作为一个领域提出来，其目标、内容、实施各部分的阐述不仅赋予了艺术教育新的理念，同时要求幼儿教师能够"在艺术活动中面向全体幼儿，要针对他们的不同特点和需要，让每个幼儿都得到美的熏陶和培养"。更重要的是《纲要》主张让幼儿感受快乐，体验成功；主张幼儿大胆地表露个性，张扬自我；主张幼儿会欣赏自己，更要学会欣赏他人。

艺术教育的价值取向不再是注重知识、技能的传递，而是注重幼儿情感的培养和自我表达、精神创造的满足，使幼儿成为一个热爱生活、热爱艺术、热爱美的人。这将使幼儿受益终身，为其一生的发展奠定良好的基础。教师作为幼儿园教育中最重要、最基本的力量，是幼儿艺术教育改革中最主要、最直接的创造者，因此，对幼儿进行科学有效的教学策略能起到事半功倍的效果。

一、树立正确的艺术教育观，引导幼儿快乐创作

孩子天生喜欢艺术，他们和成人一样有艺术审美的需要，并且对艺术有着强烈的好奇心和表现欲。他们容易对艺术活动表现出自发的热情和兴趣，但又往往带有情绪色彩，不稳定，易转移，这时教师切忌灌输式教育，不要一味地强调技能的训练。教师应让幼儿自由畅想，随意作画，幼儿通过自主性的创作，充分地表现自己对周围世界的看法，大胆流露自己的情感。这其中，幼儿不拘一格的新奇创意，大胆、无拘无束地表现出的童心童趣，是成人无法想象的。教师不要随意打断幼儿的创作，注意幼儿创作的流畅性。幼儿的现实与想象是混沌一体、很难划分清楚的，在活动时，幼儿会积极地建构想象的虚幻的世界，并在这一过程中得到极大的快乐和满足。这也需要教师善于反思，拥有正确的审美观点和审美情趣。

二、对幼儿进行科学评价，促进不同层次的提高

在艺术教学过程中，不难发现幼儿在各方面的能力水平有很大的差异性。作为教师，如果用横向标准来衡量，就会出现"能力强"和"能力差"的孩子，很难做到公平公正地因材施教。因此，要对幼儿进行科学的评价，首先必须善于观察、积极引导，根据幼儿的发展状

况、兴趣情绪、行为需要等，提供不同层次的操作材料，提出不同的作画要求，促使他们在不同的能力水平上都有所发展提高。

其次，教师要运用鼓励的方式对幼儿进行纵向的比较。当幼儿通过自己的努力还没有达到理想的效果时，教师的一个微笑、一次轻轻的抚摸或许就是对他最大的鼓舞，给幼儿一种"我能行，一定行"的心理暗示，使他们在自信中完成艺术目标，提高自身水平。

另外，教师适时适度地在技能、技巧方面的引导，使教师变成了幼儿艺术活动的支持者和合作者。当幼儿完成艺术作品时，教师又成为欣赏者和分享者。通过教师的主动参与，不仅调动了幼儿极大的兴趣，而且使他们有强烈的成就感与满足感，让每一个幼儿都有机会进入"能力强"的行列。

三、创设艺术环境，形成与其他学科的整合

《纲要》中要求"各领域内容相互渗透"。在传统的艺术教育活动中，我们一味强调技能技巧的训练和习得，很少把它和各领域活动联系起来，即便在幼儿园轰轰烈烈搞综合主题教育的时候，也只能算是东拼西凑的大杂烩，不能算是真正意义的整合。

1. 要通过多种途径，将艺术教育和各领域教育相互渗透

如在进行《我用画笔画家乡》这一活动时，除了让幼儿通过不同颜色、线条展示家乡之美的同时，还可以融入社会了解家乡的美景、人文，融入语言创编儿歌，等等。

2. 营造艺术氛围，加强日常生活中的艺术教育

在日常生活中到处都存在着艺术，幼儿所生活的环境就是一种"隐形语言"，如园内的假山、楼阁、莲池、游鱼，处处都是一种美的熏陶，各种节日欢歌笑语、无比欢畅，此时重在我们善于引导孩子留意美、欣赏美，抓住各种教育契机来进行艺术教育。

3. 区域活动，留下永久的艺术气息

在活动室内外，大到墙饰布置，小到区角活动，孩子参与的作品无处不在。比如泥工区、剪纸区、音乐区等，通过成品摆放、观察记录、照片留影、多媒体摄像等，展示着幼儿在主动参与创造设计后，留下的发展足迹，潜移默化地给幼儿带来永久的艺术感受和审美愉悦。

4. 为幼儿提供机会，展示自我，欣赏同伴

艺术教育要以幼儿为本，重视幼儿的情感体验和操作过程，发挥艺术的情感教育功能，促进儿童健全人格的形成。教师作为艺术教育活动的实施者和引导者，其多才多艺的艺术表现能力，可以展现艺术的生动形象性和具体可感性，并与幼儿的心灵直接沟通。所以，幼儿

项目 6 艺术领域玩教具制作

艺术教育活动要转变那种以教师教、幼儿练为主的单一的、封闭的、静态的课堂教学组织形式，可以充分发挥幼儿的主体作用，改变幼儿被驱使进行艺术活动的被动地位。

幼儿教师要为幼儿提供机会，使幼儿在与教师、同伴、环境、艺术作品的互动过程中，在自我表现、自我表达过程中，获得丰富的情感体验，提高其艺术审美能力；并且，要鼓励幼儿多欣赏同伴的作品，为幼儿创设条件，引导他们相互交流、相互协商，通过合作意识，共同提高艺术素养。

巧运用

小班艺术领域活动：袋鼠

活动目标

1. 幼儿能按节拍协调地做蹦跳步，并能根据音乐变化表现游戏情节。
2. 启发幼儿创编与同伴不同的亲热动作。
3. 培养幼儿与同伴共同协调一致地做动作、玩游戏。

173

活动准备

1. 袋鼠的图片。
2. 袋鼠妈妈的头饰一个，袋鼠的头饰若干，狼的头饰若干。
3. 音乐。

活动过程

1. 开始部分

听音乐跟老师做动作。

2. 基本部分：教歌曲《袋鼠》

（1）教师出示图片。

"你们看，今天袋鼠妈妈来到我们小一班做客了！咦！袋鼠宝宝呢？（在袋鼠妈妈的口袋里）袋鼠妈妈有个袋袋，袋袋里面有个乖乖，乖乖喜欢妈妈吗？（喜欢！）对了，乖乖和妈妈相亲相爱！"

（2）学唱歌曲。

"袋鼠妈妈带来了一首好听的歌，歌的题目就叫《袋鼠》。我们先来听一听。刚才歌曲里面袋鼠妈妈有个什么啊？（袋袋）袋袋里面装了什么？（乖乖）（解释歌词）乖乖是袋鼠妈妈的孩子。乖乖和妈妈好不好？用歌里的歌词怎么说？（乖乖和妈妈相亲相爱）"教师再讲述歌词一遍！

"那我们再来听袋鼠妈妈给我们唱一遍好不好？"请幼儿跟着老师和音乐一起学唱《袋鼠》两遍。

（3）学习蹦跳步。

幼儿学会了唱歌，袋鼠妈妈听见了："我的小乖乖们唱的可真好听啊，妈妈带你们出去玩好不好？那你知道我们袋鼠是怎么走路的吗？我们是双臂弯曲在胸前，两手自然下垂两腿屈膝，两脚蹬地跳起，落下时前脚掌着地，两膝弯曲，要轻巧而有弹性。"教师示范蹦跳步，幼儿学习。

"小袋鼠们一起来和袋鼠妈妈去森林里吧！"（请幼儿听音乐，跟随教师学做蹦跳步）

请幼儿听音乐，与袋鼠妈妈两人一起来做蹦跳步。(要求幼儿已经会听前奏，提醒幼儿两人动作协调一致，同时一下一下地跳，每小节跳一下。)

（4）启发幼儿用不同动作表现"相亲相爱"。

"袋鼠乖乖很喜欢妈妈，和妈妈相亲相爱，那我们可以做什么动作来表现妈妈与宝宝相亲相爱？"(引导幼儿想出相互抚摸、拍打、搂抱等动作)

"袋鼠乖乖和妈妈相亲相爱，我们一起来跟着音乐和妈妈相亲相爱。"

3. 结束部分：学游戏《袋鼠》

（1）教师边放音乐边讲述故事。

"今天天气可真好，袋鼠妈妈把她的孩子乖乖放在她的口袋里，带着乖乖去森林里玩，袋鼠妈妈和乖乖相亲相爱，非常高兴。森林里来了一只大灰狼，慢慢地寻找着小袋鼠。猎人叔叔及时赶来，举起猎枪打死了大灰狼。小袋鼠们又可以高高兴兴地和妈妈一起相亲相爱了！"

（2）教师讲解示范游戏规则。

音乐一开始，幼儿两人一组（一前一后），前者做小袋鼠，双臂弯曲在胸前，两手自然下垂，后者做袋鼠妈妈，双手搭在前者身上，两人同时做蹦跳步，每小节跳一下。唱到第三句时，两人相对拥抱，互相拍拍、抚摸，表示两人相亲相爱。到结束句时，袋鼠一起蹲下不动。音乐二开始，大灰狼听音乐按节拍大步走，做找袋鼠的样子。等音乐结束，猎人"砰"开枪，"大灰狼"倒地装死。猎人说："大灰狼死了，袋鼠出来吧！"袋鼠们又做蹦跳步继续游戏。

（3）第一遍游戏教师当袋鼠妈妈，请幼儿扮演"狼"和"猎人"。

"狼"出来时，"袋鼠"们蹲下不动。第二遍音乐再响起时，提醒"袋鼠"们按节拍做蹦跳步上位。(教师完整放音乐一遍)

（4）第一遍游戏结束后教师简单讲评。

玩第二遍游戏，游戏结束时袋鼠妈妈带领小袋鼠们离开活动室。

中班艺术领域活动：吸管吹画

【活动目标】

1. 能够在吹画的过程中体验到乐趣。
2. 掌握吹画的技巧。
3. 想象力和创造力在吹画过程中能够得到发展。

【活动准备】

经验准备：初步掌握绘画的技巧。

物质准备：绘画纸若干；洗涤剂、颜料、清水少许；吸管、水粉画笔、针管笔。

【活动过程】

1. 开始部分

介绍吸管。

2. 基本部分

（1）教师示范吸管吹画。

①教师在幼儿面前展示如何吹出绣球花。

②提问：老师吹的是什么呀？好看吗？那小朋友们跟老师一起来吹出漂亮的绣球花吧！

（2）开始《吸管吹画》活动。

①给每组幼儿发放作画工具、材料并讲述作画规则及注意事项。

②引导幼儿发挥想象力主动去创造绣球花作品。

③教师巡视并指导幼儿创作。

（3）给吹出的绣球花添枝加叶。

①幼儿用水粉笔给吹出的绣球花画上绿色的叶子。

②用针管笔画出叶子的脉络。

3. 结束部分

师幼共同欣赏幼儿作品，教师注意引导幼儿欣赏他人作品并结束活动。

大班艺术领域活动：多功能的蔬菜水果宝宝

活动目标

1. 了解蔬菜水果在艺术活动中有多种用途。
2. 能根据教师的讲解尝试用印画和拼接这两种方式创作。
3. 体验创作成功的自豪感与喜悦感，喜欢蔬菜水果创作活动。

活动准备

经验准备：幼儿有调颜料和简单切水果的经验。

物质准备：范画，水粉颜料、颜料盘、画纸、牙签、安全小刀，辣椒、莲藕、包菜、橙子、苹果等蔬菜水果半成品。

活动过程

1. 开始部分：简单介绍

教师："蔬菜水果不仅可以吃，还能做成很多艺术品，小朋友知道有哪些将蔬菜水果做成艺术品的方法吗？"

2. 基本部分

（1）出示范本。

教师："小朋友们看看这幅画是怎么做出来的呢？"（拿出蔬菜印画的画纸）"这幅作品又是怎么做出来的呢？"（拿出蔬菜水果拼接作品）

教师："今天我们就是小小艺术家，我们一起来做这些美丽的艺术品，小朋友们期待吗？"

（2）教师示范印画做法。

教师："小朋友们看，老师拿一节藕蘸上绿色把它放在了纸上，小手用点力量按在纸上，不要乱动，赶快拿开，一个绿色的图案就出现了。多印几个，图案不清晰时再蘸一下绿色颜料。"

提问："小朋友们，蔬菜宝宝印在纸上后能不能乱动？"

幼："不能乱动！"

教师："对！我们要把蔬菜快快拿起来。小朋友们等一下可以用其他的蔬菜水果印出自己喜欢的图画哦！"

（3）教师示范水果蔬菜拼接做法。

教师："刚刚小朋友们用蔬菜印画，完成的作品特别漂亮。那蔬菜可以印画，还可以干吗呢？看，老师这里有张图片，大家瞧瞧是什么。"

教师示范插接、切挖的操作手法，重点讲解如何将水果蔬菜加工切出眼睛嘴巴的方法并强调牙签的安全使用方法。

（4）鼓励幼儿动手操作。

教师："小朋友们可以用桌子上的任何辅助材料，印花和拼接的各种方法来创造，做自己喜欢的东西。"

（5）幼儿尝试自己创作，教师在旁观察、鼓励幼儿。

（6）等大家完成后，请幼儿将自己的作品放置在展览区，并主动向大家讲解自己的作品。

3. 结束部分

教师进行总结，与幼儿一起讨论他们的作品。

项目 7 玩教具制作实例汇编

模块一 健康领域玩教具制作实例

实例 1

玩具名称 拨浪鼓

适宜班级 小班

玩具功能

　　锻炼幼儿手部肌肉的控制能力、手眼协调能力、抓握能力，促进手指的精细运动发展。

制作材料及方法

　　材料：卡纸、一次性筷子、KT板、海绵纸、串珠、毛线、双面胶、胶枪、剪刀等。

　　制作方法：

　　1.利用圆规在KT板上画出2个一样大小的圆形并裁下，用双面胶粘贴做成鼓面，并在卡纸上画好卡通动物图案装饰鼓面。

　　2.用海绵纸包裹一次性筷子，做成拨浪鼓鼓棒，再用胶枪把鼓棒固定在鼓内。

　　3.把毛线穿进珠子打结固定，然后把绳子固定在鼓两侧即成。

玩具使用方法

　　可以双手拨动拨浪鼓，转动鼓柄串珠击鼓发出声音。小小拨浪鼓，摇一摇，很轻松，听一听，很清脆。

幼儿园　玩教具制作与活动指导

实例 2

┃玩具名称┃ 开心绕一绕

┃适宜班级┃ 小班

┃玩具功能┃

通过缠、绕动作训练手指运动能力，从而锻炼幼儿的手部小肌肉动作和手腕力量。

┃制作材料及方法┃

材料：废弃纸盒、毛线团、卡纸、记号笔、剪刀等。

制作方法：用笔画出鱼骨的形状并用剪刀剪下，准备好一团毛线缠、绕，也可剪取一段毛线捆在鱼骨上。

┃玩具使用方法┃

幼儿自己练习探索如何通过缠、绕把毛线固定在鱼骨上。

实例 3

┃玩具名称┃ 纸盒小路

┃适宜班级┃ 小班、中班

┃玩具功能┃

练习双脚走小路，训练幼儿的平衡能力。

┃制作材料及方法┃

材料：长方形纸盒、麻绳。

制作方法：准备多个纸盒盖，每两个盒盖之间用 2 根麻绳固定连接。

┃玩具使用方法┃

游戏时，根据活动需要确定小路的长度和摆放形状。幼儿交替双脚走过小路（单脚踩在盒内），看谁走得稳、走得快。

实例 4

|玩具名称| 弹弹珠

|适宜班级| 中班

|玩具功能|

通过指、臂、眼的相互协调，训练幼儿的脑力和技巧，起到强健身心的作用。

|制作材料及方法|

材料：白色KT板、硬纸板、水彩颜料、美工刀。

制作方法：在白色KT板上用水彩颜料画出动物的图案，在腿的中间割出小门的形状，KT板背面用硬纸板做两个支架，使KT板固定在桌面上。

|玩具使用方法|

1. 手指握紧成拳状，把玻璃球托在弯曲的食指和中指上，闭上一只眼睛瞄准，大拇指猛地一弹，球应声进洞。

2. 手指弹动的力量大小可控制弹珠弹出的距离及方向，使弹珠进入洞口。

3. 孩子之间可进行比赛，看谁的弹珠弹得准、弹得多。

实例 5

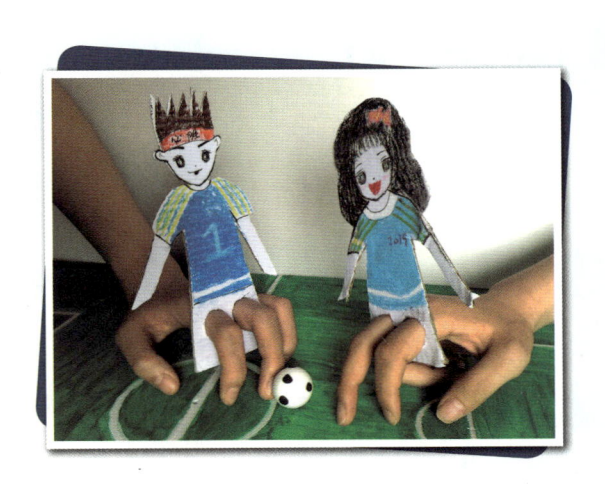

|玩具名称| 手指足球

|适宜班级| 大班

|玩具功能|

1. 锻炼幼儿的手指灵活度。
2. 让幼儿对足球产生兴趣。

▌制作材料及方法▐

1. 足球场：在白板上画出足球场并上色。

2. 手指人：用白卡纸画出两个运动员，涂好颜色并剪下，在裤子处按照手指大小画两个圆形并剪下。

3. 足球：将玻璃珠表面粘上一层白色的超轻黏土，用黑色超轻黏土做出足球花纹。

▌玩具使用方法▐

两个人分别将食指与中指穿入圆形孔中，将手指作为腿在球场内进行踢足球比赛。

实例6

▌玩具名称▐ 灌篮高手

▌适宜班级▐ 大班

▌玩具功能▐

将数的加减运算融入操作游戏中，让幼儿在活动中既充分调动手、眼、脑等各感官，又增强了活动的趣味性，进一步增强了幼儿对数概念的理解。

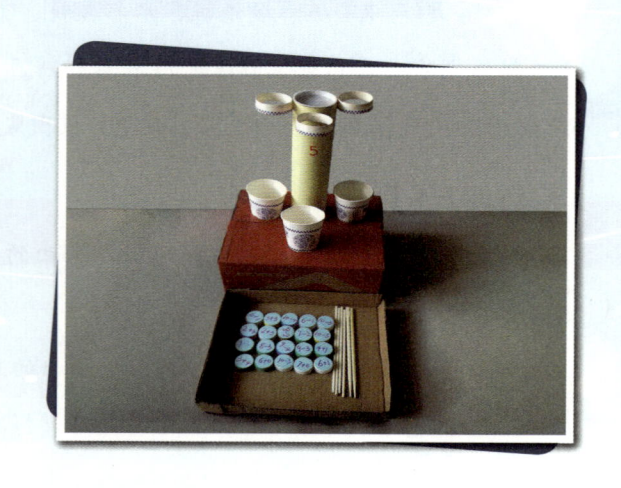

▌制作材料及方法▐

材料：纸盒一个、纸杯六只、羽毛球筒一个、瓶盖若干、筷子若干、泡沫胶即时贴、双面胶、记号笔等。

制作方法：

1. 在废旧纸盒的盖子中间用泡沫胶固定好羽毛球筒作为篮柱，纸盒的盒体用来放置瓶盖和筷子，并在每个篮柱上贴上数字。

2. 将三个纸杯分别从1/3处剪开，去底，留杯口做篮球筐，分别固定在篮柱的三个侧面。

3. 取三只纸杯分放在三个篮球筐的下方，用泡沫胶固定在纸盒盖上。

4. 根据瓶盖大小用即时贴粘出圆形并剪下粘在瓶盖上，在瓶盖上写好加减算式。

▍玩具使用方法▍

先观察瓶盖上的算式，并算出得数，再从篮柱上找到该数字，用筷子夹着瓶盖投入相应的篮球筐中。

模块二 语言领域玩教具制作实例

实例 7

▍玩具名称▍ 动物角色头饰

▍适宜班级▍ 小班、中班

▍玩具功能▍

幼儿佩带动物头饰并运用正确的语言、动作扮演故事中的角色，通过角色表演发展幼儿的语言表达能力。

▍制作材料及方法▍

材料：白色卡纸、颜料、剪刀、马克笔、毛线等。

制作方法：在白色卡纸上画出动物角色并剪下外轮廓，涂上颜料，再用毛线分别固定在动物头饰的两边，系在脑后。

▍玩具使用方法▍

小朋友们可以选择自己喜欢的动物角色，戴在自己头上，进行角色扮演，模仿小动物的声音或者动作，还可以和扮演不同角色的小朋友一起玩耍、表演绘本故事等。

实例 8

【玩具名称】 识字卡片

【适宜班级】 小班、中班

【玩具功能】

色彩鲜艳的识字卡片，可以充分调动幼儿的语言学习兴趣，使幼儿语言、认知等方面得到充分的开发。

【制作材料及方法】

材料：不织布、剪刀、胶水、马克笔等。

制作方法：在不织布上画出玉米、茄子、白菜等蔬菜瓜果并剪下来，有序地贴在整张不织布上，在相应蔬菜瓜果的下方写上它们的名称。

【玩具使用方法】

幼儿可看图识字，也可以看图造句，可以单幅图片造句，也可以挑选几张放在一起造句，看谁造的句子好。

实例 9

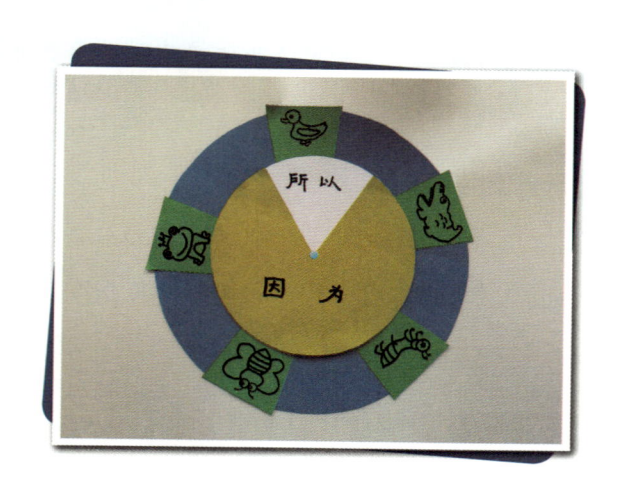

【玩具名称】 句式转盘

【适宜班级】 中班

【玩具功能】

锻炼幼儿讲述的能力，学习用"因为……所以……"的句式造句。

▍制作材料及方法▍

材料：各色卡纸、马克笔、胶水、剪刀等。

制作方法：用蓝色卡纸剪出 1 个大圆，用白色和黄色卡纸剪出 2 个半径一样的小圆，其中黄色小圆写上"因为"两个字，白色小圆剪下一个 60 度角的扇形并写上"所以"粘贴在黄色小圆上，剪 5 个梯形并画上不同的动物粘贴在蓝色卡纸上，最后按图片所示把蓝色大圆和黄色小圆用分脚钉固定即成。

▍玩具使用方法▍

转动黄色小圆，寻找"因为""所以"对应的图示，根据图示提示的内容进行造句，发展幼儿的语言和思维能力。

实例 10

▍玩具名称▍ 布艺书

▍适宜班级▍ 中班

▍玩具功能▍

布艺书可以训练幼儿看图说话的能力，培养幼儿的语言表达和思维能力。

▍制作材料及方法▍

材料：各色不织布、铁环、胶水等。

制作方法：从幼儿年龄特点出发，选择颜色鲜艳的不织布裁成一样大小的长方形做书页，再利用不织布剪制相关的物体形象并粘贴好，最后将这些书页用铁环连接在一起。

▍玩具使用方法▍

幼儿可一页一页翻阅布艺书讲故事，也可以拆下铁环供多名幼儿同时观看，进行讲故事接龙游戏。

实例 11

玩具名称 玩偶小剧场

适宜班级 中班、大班

玩具功能

幼儿站在舞台后面表演故事，既在表演中感到快乐，又充分发挥自身语言表达能力、想象力、创造力。

制作材料及方法

材料：KT板、泡沫板、海绵纸、剪刀、美工刀、泡沫胶等。

制作方法：裁剪出一块黄色的"回"字形KT板，再把"回"字形KT板固定在两块泡沫板中间，泡沫板外面用黄色海绵纸包裹装饰，接着裁剪一块紫色的海绵纸。用泡沫胶固定在"回"字形KT板后面作为剧场幕布即成。

玩具使用方法

幼儿可单独站在舞台幕布后面表演故事，或多名幼儿在舞台剧场合作表演，以此发展幼儿的语言表达能力和同伴间的合作能力。

实例 12

玩具名称 森林里的冒险

适宜班级 中班、大班

玩具功能

锻炼幼儿语言组织能力、想象力、创造力及合作游戏能力。

制作材料及方法

材料：瓦楞纸、各色卡纸、水彩笔、海绵胶、记号笔等。

制作方法：用瓦楞纸做成背景和底板，用卡纸剪出太阳、白云、草丛、小鸟、树木、小人的形状。将部分背景贴好，留下少数树木、草丛、小人纸偶放置一旁，由幼儿自由组合。

玩具使用方法

幼儿自由探索，组织玩耍，并用自己的语言表达出来；也可让幼儿选择自己喜欢的小人纸偶，与同伴创造情境进行简单的情景对话，以此提高幼儿的语言水平、活动水平、游戏水平、与同伴交往的需求与能力。

模块三　社会领域玩教具制作实例

实例 13

玩具名称　动物喂食

适宜班级　小班

玩具功能

了解几种常见小动物的不同叫声、动作及进食习性，能够模仿小动物，体验游戏的乐趣，并促进幼儿精细动作的发展。

制作材料及方法

材料：卡纸、纸盒、马克笔、豆子、勺子。

制作方法：在卡纸上画出老虎头部并剪下，沿老虎嘴巴处切割出椭圆形开口，同时在方盒子侧面开一个等大的椭圆形圆孔，把老虎的嘴巴对准方盒子的椭圆形圆孔粘贴好，再把方盒子固定在另一个开口朝上的大纸盒上，大纸盒上多余的空间放入豆子和勺子。

▎玩具使用方法▎

　　幼儿用勺子往动物嘴巴里送食物，体验喂食小动物的乐趣，也可多名幼儿参与活动，体验与同伴共同活动的快乐。

实例 14

▎玩具名称▎ 有趣的纽扣

▎适宜班级▎ 小班、中班

▎玩具功能▎

　　让幼儿了解系扣子的要领，学习系扣子的方法，练习日常生活技能并促进幼儿手眼协调。

▎制作材料及方法▎

　　材料：空塑料瓶、旧布料、针线包、扣子、卡纸、马克笔、泡沫胶。

　　制作方法：首先，准备三个干净的空塑料瓶，用旧布料量取适宜的尺寸并剪出衣服的形状；其次，将扣子按造型所需缝在布料上，留出扣眼；最后，用卡纸画好并剪下一家三口的头像，用泡沫胶粘贴在塑料瓶口。

▎玩具使用方法▎

　　幼儿从上往下，一手拿扣子，一手扶扣眼，由里向外掏出扣子，先把扣子的一部分放进扣眼里，拿扣子的手顺势把剩下的扣子推进扣眼里。

实例 15

▌玩具名称▌　认识水果

▌适宜班级▌　小班、中班

▌玩具功能▌

锻炼幼儿观察比较能力，能辨别并准确说出不同水果的名称并能将水果进行归类。

▌制作材料及方法▌

材料：一次性纸杯、一次性筷子、彩笔、纸盒等。

制作方法：在一次性纸杯的杯底上用彩笔画好不同的水果，每种水果有两个，再用一次性筷子摆成能放入纸杯的方形空格，最后把画好的纸杯杯底朝上放满空格。

▌玩具使用方法▌

幼儿通过视觉图片说出水果的颜色、形状、味道等特征，找出相同水果并叠在一起。

实例 16

▌玩具名称▌　表情扇

▌适宜班级▌　中班

玩具功能

鼓励幼儿说出多个引起不同情绪的原因，让幼儿能通过观察他人的表情，体谅、理解他人的心情。

制作材料及方法

材料：各色卡纸、马克笔、有机塑料片、胶水、剪刀。

制作方法：把各种颜色的卡纸剪成扇子的形状，再用马克笔在上面画出不同的表情，最后把有机塑料片剪成扇柄的形状粘贴在卡纸背面。

玩具使用方法

两名幼儿合作，一人拿出表情扇，一人观看、理解图片内容并尝试大胆地表述，讲述高兴、伤心、生气等不同情绪体验。

实例 17

玩具名称　赛车跑道

适宜班级　中班、大班

玩具功能

探索比较不同的玩具车在相同的坡面上的行驶速度，感知相同的汽车在不同的坡面上的行驶速度，并能用自己的语言描述自己的发现。

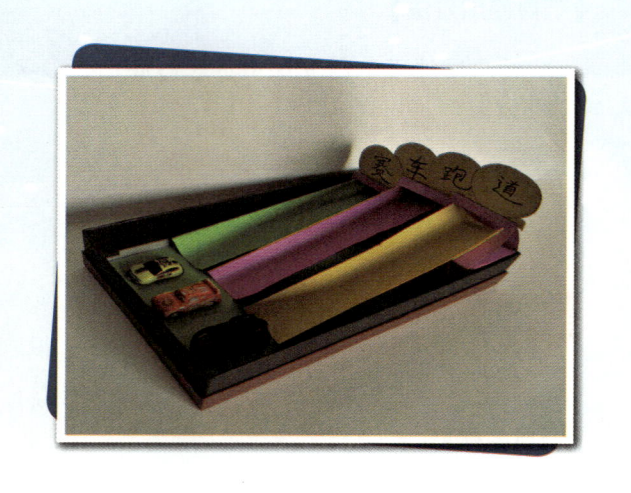

制作材料及方法

材料：卡纸、玩具赛车、纸盒、胶枪等。

制作方法：将3张硬长方形卡纸弯曲成3条赛道，用卡纸做3个不同坡度的架墩，把赛道和架墩用胶枪固定在纸盒上，将玩具赛车放在赛道上滑行。

玩具使用方法

幼儿选择汽车后，与同伴一起在不同的坡度上比赛，感受不同种类的玩具车的速度。

实例 18

玩具名称 停车库

适宜班级 中班、大班

玩具功能

1. 了解生活中一些简单的交通规则，增强自我保护意识和能力。

2. 了解车辆行驶时要遵守交通规则：服从交警的指挥；不逆向、超速行驶；不违章停车等。

3. 行人过马路时也必须遵守交通规则：红灯停，绿灯行；不乱穿马路；过马路要走人行横道。

制作材料及方法

材料：纸盒、马克笔、玩具小车。

制作方法：在纸盒的底板上等距离分割好 10 个车位并画上车位间隔线，在车位里面标记车位的序号，然后将玩具小车停放在对应的车位上。

玩具使用方法

1. 幼儿将标有数字的小车按照车位一辆一辆有序地停放好。

2. 多名幼儿分派不同的车辆，将车子依次按照序号停进车库。

模块四　科学领域玩教具制作实例

实例19

▎玩具名称▎　传声筒

▎适宜班级▎　小班、中班

▎玩具功能▎

　　体验自制玩具的乐趣，知道电话是受传声筒启发发明的，感受传声的有趣性和科学性。

▎制作材料及方法▎

　　材料：纸杯、毛线。

　　制作方法：将杯子底部中间戳一个小洞，然后把毛线从杯子中间穿过并打结即成。

▎玩具使用方法▎

　　小朋友一人拿一个杯子，绳子拉直，一个对着杯子讲话，另一个用耳朵听，注意倾听对方的声音，感受声音的传递。

实例20

▎玩具名称▎　简易投石机

▎适宜班级▎　中班

项目 7 玩教具制作实例汇编

玩具功能

1. 在"投"的过程中锻炼手部的精细动作。
2. 初步了解杠杆原理。

制作材料及方法

制作材料：雪糕棒 10 支，橡皮筋 5 根，塑料小星星 1 个。

制作方法：

1. 将 6 支雪糕棒用橡皮筋捆绑在一起，制作投石机的基座部分。

2. 用 2 支雪糕棒上下夹着刚才的一捆雪糕棒成十字形交叉，做好的一捆雪糕棒应放置在两支雪糕棒的 1/4 处并固定，要使用两个橡皮筋确保牢固连接，制作成发射臂。

3. 在发射臂的上方连接一个长塑料勺子，作为投石机的篮子，篮子里放入投射物塑料小星星，使发射臂指向正上方。

玩具使用方法

1. 发射时，将一只手放在投石机基座周围，再在篮子里放入投射物，按压篮子向后拉动发射臂并释放即可投射。

2. 也可多名幼儿比赛投射，看谁投的远。

实例 21

玩具名称 彩色七巧板

适宜班级 中班

玩具功能

1. 认识每块七巧板的形状。
2. 可以用七巧板拼成不同的图案，激发幼儿的想象力和创造力。

制作材料及方法

取一块 KT 板，按比例分割成七块三角形、正方形和平行四边形，用小刀划开，再用颜料将七块 KT 板分别涂上不同的颜色即可。

玩具使用方法

1. 教师可带幼儿认识每块七巧板的形状。
2. 幼儿可用七巧板自由组合拼成不同的形状。

实例22

玩具名称 乐器玩具

适宜班级 中班

玩具功能

1. 尝试用废旧材料制作乐器，体验创造的乐趣，增进幼儿的创新意识与环保意识。
2. 乐意与同伴交流自己制作的作品，培养幼儿的合作意识，提高幼儿的协商能力。

制作材料及方法

材料：罐头盖子、彩色皮筋、白色卡纸、泡沫胶、彩铅。

制作方法：先在白卡纸上画出和罐头盖子等大的圆形以及长条手柄并剪下，接着在圆形硬卡纸和手柄上用彩铅画好装饰图案，然后把彩色皮筋等距离固定在罐头盖子上，最后把装饰好的圆形硬卡纸和长条手柄用泡沫胶粘贴在罐头盖子后面即可。

玩具使用方法

幼儿用手指拨动皮筋使乐器发出声音，也可以两个幼儿一起边唱边玩。

实例 23

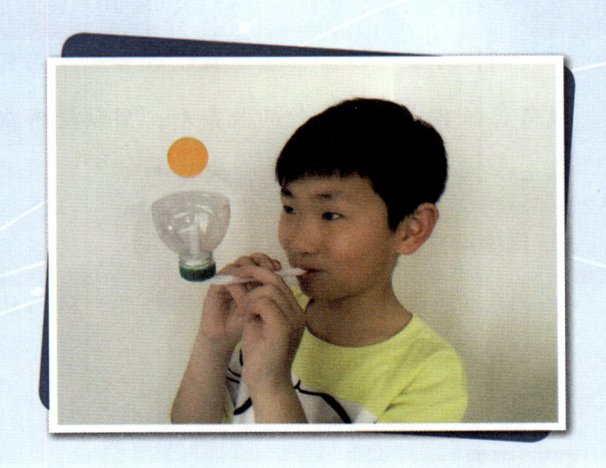

玩具名称 气吹乒乓球

适宜班级 中班

玩具功能

幼儿通过吹乒乓球了解气流，能用吹气的速度来完成游戏任务，锻炼自身的控制力和肺活量。

制作材料及方法

材料：矿泉水瓶、剪刀、吸管、乒乓球。

制作方法：从矿泉水瓶 1/3 处剪开，去除瓶身，保留靠近瓶盖部分，并在瓶盖上钻一个适宜的圆孔，将吸管的一端插入圆孔，吸管口上面放置一个乒乓球，另一端弯折 90 度用于吹气。

玩具使用方法

当幼儿吹气时，由于乒乓球的上方气流速度大、压强小，乒乓球会离开吸管，同时会被向上的气流托住不会下落。可让多名幼儿比赛看谁坚持的时间长，谁的肺活量大。

实例 24

玩具名称 有趣的迷宫

适宜班级 中班

玩具功能

有利于开发幼儿的空间思维能力，促进幼儿观察力、思维力和平衡力的发展。

▎制作材料及方法▎

材料：纸盒、KT板、铅笔、刻刀、胶枪、黏土。

制作方法：纸盒去盖留底，在盒子里用铅笔画出简单迷宫图，再用刻刀将KT板按迷宫线路长短裁出高度一致的长条形，用胶枪将裁好的长条沿着画好的迷宫路线粘好。最后再用黏土制作一个圆球作为迷宫闯关者。

▎玩具使用方法▎

幼儿通过颠簸盒子来控制倾斜度，从而让球通过正确的路口，最终走出迷宫。可多名幼儿比赛，看谁用时最短。

实例25

▎玩具名称▎ 神奇的天平

▎适宜班级▎ 大班

▎玩具功能▎

1. 初步感知杠杆原理。
2. 了解不同物体的重量关系。

▎制作材料及方法▎

材料：3个一次性纸杯、2根一次性筷子、橡皮筋、毛线。

制作方法：用2根一次性筷子交叉呈十字架形并用橡皮筋固定好制作成杠杆，纵向的筷子插进一次性杯子的底部中间，杯口朝下放置组成杠杆的支撑平台。再把剩下的2个一次性杯子用毛线穿好，做成提篮，放到杠杆的两端，一个简易天平就做好了。

▎玩具使用方法▎

幼儿将不同重量的物体分别放置在天平的两端，观察天平的平衡状态，探索为什么天平会失衡。放置相同重量的物体，发现天平可以达到平衡状态，感知物体的重量关系，探索天平发生变化的原理。

模块五　艺术领域玩教具制作实例

实例26

玩具名称 认识颜色

适宜班级 小班

玩具功能

培养幼儿对颜色的兴趣，训练幼儿的观察力、记忆力、想象力。

制作材料及方法

材料：雪糕棒、红黄蓝绿等不同颜色的卡纸、剪刀、双面胶。

制作方法：将两张同色卡纸剪出雪糕的形状，将雪糕棒放在两片卡纸之间并用双面胶粘合。

玩具使用方法

展示制作好的彩色雪糕，引导幼儿认识颜色并学会辨别颜色，在活动中能听口令找出正确的颜色。

实例27

玩具名称 魔力调色盘

适宜班级 中大班

玩具功能

1. 使幼儿积极参与活动，体验颜色配色带来的乐趣。

2. 初步感知两种颜色配色后变出新颜色的现象，探索颜色变化的规律。

3. 通过对颜色配色的探索，培养幼儿的观察能力及动手操作能力。

|制作材料及方法|

材料：白色纸盘、矿泉水瓶盖、刻刀、打磨纸、胶枪。

制作方法：用刻刀在白色纸盘上刻出一个可轻松容下大拇指的圆孔，并用打磨纸打磨洞口使其平滑。再用胶枪将7个瓶盖沿底盘边缘依次粘贴，一个简易调色盘就做好了。

|玩具使用方法|

幼儿将两种颜色放至调色盘内调色，通过对颜色配色的探索，感知两种颜色配色后发生的变化，激发幼儿对美术的兴趣。

实例28

|玩具名称| 编一编

|适宜班级| 中班

|玩具功能|

在上下串编的过程中锻炼幼儿的记忆力及发现编织的规律，促进幼儿手眼协调，提高幼儿对图示的理解水平，培养幼儿多种能力。

|制作材料及方法|

材料：卡通画、刻刀、塑封彩条。

制作方法：剪出可爱的卡通背景图案，在图案的中间沿横向或纵向等距离切割出几组线条做背景，按切割的间距高度剪出若干长彩条，并为其塑封做成塑封彩条。

|玩具使用方法|

根据串编一上一下的规律，让幼儿将塑封彩条根据自己的喜好一上一下地穿过背景托，串编出漂亮的彩格。

实例29

玩具名称 刷画游戏

适宜班级 大班

玩具功能

1. 感受喷刷画活动的乐趣，积极参与，大胆创作。

2. 学习喷刷的技能，能独立、有序、正确地使用工具。

3. 在色彩活动中既体验动手操作的快乐，又提高幼儿对艺术的表现力。

制作材料及方法

材料：KT板、塑好膜的卡纸板、小牙刷、水彩、图画纸、纱网。

制作方法：把细纱网与KT板组装装订成刷画的纱网，再将卡纸板塑膜，塑膜后在中间镂空成不同的图案，作为刷画的图案纸板。

玩具使用方法

第一种玩法：幼儿选择中间镂空成不同形状的图案纸板，将图案纸板置于图画纸之上，将牙刷蘸满色彩，在刷画的纱网上来回刷彩。

第二种玩法：用图画纸做衬底，幼儿可以只选用纱网，用牙刷蘸彩后直接在纱网上来回自主地刷印出不同的形象。

注：两种玩法在刷色后，均可在图画纸上进行各种添画或贴画装饰。

实例30

玩具名称 魔法长笛

适宜班级 大班

玩具功能

1. 通过练习，感受不同长度的七根吸管组成的魔法长笛在吹奏时声音高低的变化。
2. 培养幼儿养成细致观察的习惯和态度，加强孩子的动手、动脑能力。
3. 尝试制作魔法长笛，感受制作过程中的乐趣。

制作材料及方法

材料：吸管、剪刀、酒精胶。

制作方法：用剪刀剪出不同长度的七根吸管，吸管的一端保持平口排列整齐，另一端剪成斜口，将吸管由长到短排列起来，用酒精胶把七根吸管沿侧面粘到一起，魔法长笛就做好了。

玩具使用方法

幼儿用嘴吹奏魔法长笛，探索长短不同的吸管发出的高低不同的声音，让孩子知道声音是由振动产生的。

参考文献

[1] 苏兰. 幼儿园教师手工技能 [M]. 天津：南开大学出版社，2018.

[2] 苏春. 手工制作教程（壁饰卷·摆设卷）[M]. 北京：教育科学出版社，2016.

[3] 苏春. 手工制作教程（实用卷·娱乐卷）[M]. 北京：教育科学出版社，2018.

[4] 杨三军，苏春. 学前儿童玩教具设计与制作 [M]. 北京：教育科学出版社，2014.

[5] 李寸松. 中国民间美术全集·玩具卷 [M]. 杭州：浙江人民美术出版社，2002.

[6] 刘魁立，张旭. 玩具 [M]. 3版. 北京：中国社会出版社，2011.

[7] 张道一. 中国民间美术辞典 [M]. 南京：江苏美术出版社，2001.

[8] 倪宝诚. 另类童话：玩具 [M]. 上海：上海文艺出版社，2002.

[9] 刘焱. 儿童游戏通论 [M]. 北京：北京师范大学出版社，2008.

[10] 刘焱. 幼儿园游戏与指导 [M]. 北京：高等教育出版社，2012.

[11] 许卓娅. 学前儿童体育 [M]. 南京：南京师范大学出版社，2003.

[12] 边霞. 儿童的艺术与艺术教育 [M]. 南京：江苏教育出版社，2006.

[13] 边霞. 幼儿园美术教育与活动设计 [M]. 北京：高等教育出版社，2009.

[14] 邹玲，王玉红. 幼儿园游戏与指导 [M]. 天津：南开大学出版社，2015.

[15] 裘指挥. 幼儿园课程与活动指导 [M]. 天津：南开大学出版社，2017.

[16] 裘指挥，王燕. 幼儿园活动案例与经典案例分析 [M]. 天津：南开大学出版社，2017.

[17] 陈鹤琴. 陈鹤琴教育思想读本·儿童游戏与玩具 [M]. 南京：南京师范大学出版社，2013.

[18] 斯苔芬妮·奥尔巴赫. 玩商：玩具博士教你如何巧妙地玩耍 [M]. 徐培敏，译. 上海：上海书店出版社，2002.

[19] 教育部基础教育司. 幼儿园教育指导纲要（试行）解读 [M]. 南京：江苏教育出版社，2002.

[20] 李季湄，冯晓霞.《3—6岁儿童学习与发展指南》解读 [M]. 北京：人民教育出版社，2013.

[21] 高瑾. 幼儿教师玩具观的现状研究 [D]. 南京师范大学硕士学位论文，2011.

[22] 侯娟珍. 教师指导幼儿自制玩具的策略 [J]. 学前教育研究，2011（7）.

[23] 刘焱. 幼儿园自制玩教具活动的意义、指导思想和评价标准 [J]. 学前教育研究，2007（9）.

后 记

本书是高等院校学前教育专业精品系列丛书之一。幼儿园教师的专业发展核心为基于先进理念的实践智慧，即先进理念与实践智慧的互动推动幼儿教师职前职后的专业成长。本书的编写结合《幼儿园教师专业标准（试行）》《教师教育课程标准（试行）》以及《3—6岁儿童学习与发展指南》精神，追求卓越品质，引领学前教育专业玩教具制作教材建设潮流，促进学前教育专业玩教具制作与活动设计的提升，满足高质量幼儿教师培养与培训的需求。

本书的编写与出版得到了首都师范大学出版社的大力支持以及丛书总主编裘指挥老师的指导，在此期间张荣昌老师、周敏老师、吴美艳老师、陈后川老师和石进京老师为本书的排版、编校、发行付出了许多辛劳，在此表示诚挚的谢意！

本书所选用部分图例由南昌师范学院2016级学前教育专业本科班42名学生制作并拍摄完成，这些学生为黄幽、叶昕、熊欣悦、李慧琴、钟妹、李香、李向玲、饶斌、李子梅、龙宇、邱鑫、朱佳敏、黄玉兰、封丛薇、蒋紫薇、杨欣悦、周国艳、吴依依、程荣荣、程紫薇、刘雨心、熊玮琪、秦晶、张萌、陈佳敏、陈媛、罗圆欣、曾婷婷、陈雨萱、许柳青、熊静怡、黄平霞、傅佳璐、王丽君、韩继发、梁莹、龚舒敏、王亿、付荣、余苏婷、程雁、黄玲玲（按学号排名），在此对他们表达最诚挚的谢意！

在本书的编写过程中，我们广泛参阅了国内外的有关成果和资料，在引注中有可能挂一漏万，在此特别加以说明并向各位作者致以谢意！由于水平所限，本书肯定还存在不少缺点和问题、敬请读者提出批评意见，以利于我们今后进一步的修改和完善。